Das Wasserschlösschen zur lockeren Schraube

Bärbel Kiy

Bärbel Kiy

Das Wasserschlösschen zur lockeren Schraube

Bibliografische Information der Deutschen Nationalbibliothek: Die Deutsche Nationalbibliothek verzeichnet diese Publikation in der Deutschen Nationalbibliografie; detaillierte bibliografische Daten sind im Internet über http://dnb.ddb.de abrufbar.

Vollständige Taschenbuchausgabe
Dieser Titel ist auch als E-Book erschienen.
Neptunikum Verlag

3. Auflage
ISBN 978-3-945311-02-8
Printed in Germany

Satz, Umschlaggestaltung, Herstellung:
BoD – Books on Demand
Umschlagillustration:
Bild-Nr. 56205242_S –
© - fotolia.com - © longquattro

www.neptunikumverlag.com
10,90 (D)

Inhalt

Vorwort

Wenn mir jemand gesagt hätte, dass ich jemals in einem psychosomatischen Institut als Patientin einquartiert werden würde, hätte ich denjenigen oder diejenige für verrückt erklärt. Ich hätte mir dies niemals in meinem Leben vorstellen können! Ich doch nicht!

Doch wie schon ein Sprichwort sagt: Erstens kommt alles anders und zweitens als man denkt.

Das Miteinander bei Ausnahmesituationen – eine Reha zähle ich dazu – ist schon sehr speziell. Ich gehe davon aus, dass es nicht in jeder Rehainstitution zugeht wie in meinem Roman doch glaube ich, aus meinem Erfahrungsschatz schöpfend, bestimmt in einigen. In den orthopädischen, kardiologischen oder onkologischen Rehainstitutionen steht bei den meisten Patienten sicherlich die Gesundung und nicht die zwanghaft herbeigesehnte Zweisamkeit, mit allem Pi-Pa-Po, im Vordergrund.

Wenn Sie mir ins Wasserschlösschen zur lockeren Schraube folgen möchten, erzähle ich Ihnen meine Geschichte.

Warum?

Gut gelaunt und wider besseres Wissen wachte ich nach einer geplanten Operation aus der Narkose voller Hoffnungen und mit vielen Erwartungen in meinem Einzelzimmer im Belegkrankenhaus meines behandelnden Operateurs auf.

Hätte ich eine Ahnung gehabt, dass sich an diesem verhängnisvollen Donnerstag mein bisheriges Leben durch diesen großen chirurgischen Eingriff für immer komplett verändern würde, dann …

Doch vielleicht sollte ich mich erst einmal vorstellen:

Mein Name ist Bärbel. Ich bin, wie man an meinem Vornamen unschwer erkennen kann, weiblich. Bin einen Meter fünfundsechzig groß und vierundfünfzig Kilo schwer. 1961 – in dem Jahr des Mauerbaus zwischen den drei Westsektoren Berlins und dem Ostteil der Stadt – wurde ich im Wonnemonat Mai in einem Vorort von Wuppertal geboren. Ich bin von Natur aus und immer noch dunkelhaarig, habe grüne Augen und bin seit über drei Jahrzehnten mit meiner großen Jugendliebe verheiratet. Diesen Mann würde ich auch nach all den Jahren nicht hergeben wollen – sprich: ich bin glücklich verheiratet. Ich habe zwei erwachsene Söhne. Diese sind, wie sollte es anders sein, selbstverständlich wohlgeraten. Der Traum aller Eltern und künftigen Schwiegereltern. Ferner bin ich die stolze Besitzerin eines riesigen Aquariums und einer frei laufenden griechischen Landschildkröte, und last, but not least will ich einen weiteren Familienangehörigen, meinen zwei Jahre alten Australian Kelpie, in meiner Aufzählung nicht unerwähnt lassen.

Mit meiner kleinen, bunten Familie lebe ich in einem mittelgroßen Kuhdorf in Schleswig-Holstein, und bevor ich krank wurde, war ich beruflich sehr erfolgreich. Bei Licht besehen war ich ein Workaholic. Fünfzig, sechzig Arbeitsstunden in der Woche stellten für mich kein Problem dar. Mein großer Arbeitseinsatz wurde zu meinem Glück seitens meines Arbeitgebers monatlich großzügig belohnt. Unter anderem mit einem angemessenen Gehalt und einer schicken deutschen Nobelkarosse der oberen Mittelklasse als Firmenwagen. Selbstverständlich stand mir der Wagen für meine *private Nutzung*, für das vorschriftsmäßig zu versteuernde Geld, zur Verfügung. Ferner war ich ausgerüstet mit einem Blackberry, einem Laptop und allem, was sonst noch im mittleren Management benötigt wird, um sein Rundum-sorglos-Paket abzurunden. Langer Rede, kurzer Sinn: ich war angekommen. War angekommen in meinem Leben, in meinem Beruf. Ich fühlte mich wohl. Es ging mir gut. Das Schicksal hatte es bisher bis auf einige wenige Ausnahmen gut mit mir gemeint. Mein Credo war und ist:

Mitleid wird dir geschenkt. Neid musst du dir erarbeiten.

Nach Aussagen meiner Mitmenschen gelte ich als relativ attraktiv, dies liegt natürlich wie immer im Leben im Auge des Betrachters. Manche, zum Beispiel mein Mann, tragen eben auch Scheuklappen. Andererseits kann ich tatsächlich an einigen Tagen im Jahr ganz gut mit meinem Äußeren leben.

Zurück zu dem folgenschweren Tag.

An dem besagten Donnerstag im Sommermonat Juli des Jahres 2010 fiel ich einem Ärztepfusch zum Opfer. Seither leide ich unter anderem an akuten Schlafstörungen, diversen Ängsten und einem schweren Trauma. Zu meinem Leidwesen habe ich in den zweieinhalb Jahren nach dem Pfusch elf Operationen über mich ergehen lassen müssen. Davon sieben auf einen Streich. Die chirurgischen Eingriffe mussten nach zwei geplanten Operationen, einer guten ersten und dieser misslungenen zweiten, an deren Folgen ich im Juli 2010 fast gestorben wäre, durchgeführt werden, um mein Leben zu retten. Des Weiteren, um im ersten Schritt mein Bein zu erhalten und im zweiten Schritt noch gravierendere weitere Schäden an meinem rechten Bein zu vermeiden. Diese chirurgischen Meisterleistungen haben mir schmerzhaft vor Augen geführt, dass meine Existenz, mein Dasein, tatsächlich endlich ist.

Rückblickend würde ich sagen: Meine Zeit war noch nicht reif. Ich bin dem Sensenmann tatsächlich noch entkommen. Habe das große Glück gehabt, meinem Schicksal noch einmal ein Schnippchen schlagen zu dürfen.

Was war geschehen? Die Operationsstelle an meinem rechten Knie wurde unter einer im Jahr 2010 gut geplanten Operation mit einem Fäkalbakterium infiziert. Die infizierte Stelle an meinem Bein verweste lediglich eine Woche nach dem schweren Eingriff an meinem lebendigen Leib. Des Weiteren war es dem Operateur, diesem Scharlatan, diesem Orthopäden, wie er sich gern tituliert, in dem zweiten Eingriff gekonnt gelungen, dauerhaft meinen rechten Fußheber außer Kraft zu setzen. Damit nicht genug. Es waren dem Herrn Oberarzt mit seinen zwei linken Händen noch diverse weitere Kleinigkeiten zum Abbau meiner Leistungsfähigkeit äußerst erfolgreich geglückt.

Ein weiterer nicht wiedergutzumachender Fauxpas: Nach meiner Krankenhausentlassung und meinem lediglich zwei Tage späteren Akutbesuch in der Praxis dieses feinen Herrn Doktors erfolgte in einer oberflächlichen Untersuchung eine temporeiche Diagnose. Lediglich ein Blick auf meine stinkende, nässende Wunde genügte dem Weißkittelträger, um meinen an ihn gesandten Hilferuf komplett genervt mit: „Alles halb so schlimm“ zu kommentieren. Dieser Befund hatte für mich folgenschwere Konsequenzen. Lediglich fünf Minuten nach meinem Eintreffen entließ mich mein Heilkundiger mit einem warmen Händedruck und einem gekünstelten Lächeln in die Obhut meines im Wartezimmer wartenden Mannes.

Drei weitere qualvolle Tage später: Ein verzweifelter Besuch und die Bitte um Erlösung von meinen qualvollen Schmerzen bei einem Arzt meines Vertrauens folgten. Der Arzt diagnostizierte eine Sepsis. Er veranlasste nach einer eingehenden Untersuchung meine umgehende Einlieferung ins Krankenhaus. Abteilung Chirurgie. In dieser halb tot angekommen, folgten viele Notoperationen. Diese änderten leider nichts an der Tatsache, dass ich viel zu viele Tage zu spät Hilfe bekam. Es sind irreparable Schäden geblieben. Einige auffällige, andere eher unauffällige.

Unter anderem ziert mein rechtes Bein nunmehr eine unschöne zweiundzwanzig Zentimeter lange Narbe vom Knie abwärts. Infolge des Pfuschs habe ich bleibende – deutlich sichtbare und weniger sichtbare – Schäden sowohl an meinem nunmehr sehr kranken Bein als auch an meiner Seele zurückbehalten.

Immerhin habe ich durch die schnelle Hilfe meiner Ärzteschaft mein Bein behalten dürfen. Dies war am Anfang des Operationsmarathons nicht selbstverständlich.

Durch meinen Glücksgriff bei der Wahl meines zweiten Operateurs hatte Fortuna großzügig einen großen Kübel Segen über mich ausgeschüttet.

Schade eigentlich: So verunziert konnte ich eine erfolgreiche Karriere – ach, was sage ich – konnte ich überhaupt eine Karriere in der Modebranche als Strumpfmodell unabhängig von meinem für ein Modell exorbitant hohen Alter vergessen. Was bleibt, ist die Tatsache, dass mich die Fehldiagnose seitens meines ersten Operateurs fast das Leben gekostet hätte.

Die Regenerationszeit nach der Operation verlief schleppend. Entlassen wurde ich im Rollstuhl. Kämpfte mich aus diesem mithilfe meines immer an meiner Seite stehenden Mannes und zweier Gehhilfen unter größten Kraftanstrengungen heraus. Meine beiden orthopädischen Stöcke waren über ein Dreivierteljahr, ganze neun Monate, meine ständigen Begleiter – bis ich achtzehn Monate später wieder gehen konnte. Ohne fremde Hilfe und Unterstützung. Na ja, fast ohne Hilfe. Eine Fußheberschiene zur aktiven Unterstützung meiner Fußheberlähmung benötige ich bis zum Ende meiner Tage. Mithilfe der Orthese kann ich mich nun, trotz meines Handicaps, wieder relativ frei bewegen.

Es gab viele dunkle Tage in den zurückliegenden Monaten. Mich plagten seit den vielen Operationen immer wieder Suizidgedanken. Gehbehindert und aller Zukunftspläne beraubt, wollte und konnte ich nicht weiterleben. Ich dachte nur an mich. Nicht an meine Kinder. Nicht an meinen Mann. Ich war am Boden zerstört. Ich begab mich auf der Suche nach Hilfe zur Selbsthilfe in die vertrauenswürdigen Hände einer Psychologin. Diese wollte mich offensichtlich schnell wieder aus ihrem Radius und ihrer Verantwortlichkeit entlassen. Sie wollte mich mit Psychopharmaka ruhigstellen. Ich verweigerte ihr aus Mangel an Vertrauen in ihre psychologischen Fähigkeiten die weitere Zusammenarbeit.

Es wunderte mich daher nicht, dass nach einer gewissen, durchaus angemessenen Auszeit die netten, für meine Person zuständigen Sachbearbeiter meiner Rentenversicherungsanstalt mir aufgrund meiner ernsten Erkrankungen eine schriftliche Einladung zu einer gründlichen Untersuchung zukommen ließen. Ich solle mich doch bitte in dem Wasserschlösschen zur lockeren Schraube in Bad Kleeblatt persönlich vorstellen. Wenn möglich auch gerne für einige Wochen einchecken. Die in der Institution für psychosomatisch Erkrankte arbeitenden Therapeuten und Ärzte sollten während meiner verlängerten Besuchszeit in dem Wasserschlösschen zur lockeren Schraube über meinen Weg zurück ins Arbeits- und Berufsleben entscheiden. Nun hatte und habe ich immer noch große Schwierigkeiten damit, mich sowohl mit meiner neuen Lebenssituation abzufinden als mich auch in dieser komplett neuen Welt zurechtzufinden. Trotz professioneller Hilfe von außen. Daher muss ich fairerweise sagen, dass ich davon ausging, dass der Aufenthalt in der Institution mir auf alle Fälle helfen würde, besser mit meiner jetzigen Situation umzugehen. Ich hielt ihn für eine gute Möglichkeit, die Vorkommnisse aufzuarbeiten. Eine Einsicht, die jedoch in keiner Weise dazu beitrug, meine innere Gegenwehr, meine Vorbehalte und meine riesengroße Ablehnung gegen eine psychosomatische Reha abzubauen.

Die Krankheit, die in den zurückliegenden Jahren mein Leben bestimmte und bis zu meinem Lebensende weiterhin bestimmen wird, hat große Auswirkungen auf mich, auf mein Selbst und auf die Menschen in meiner näheren Umgebung.

Als ich mich nun an dem Tag der Abreise, einem Dienstag, von meiner Familie und meiner gewohnten Umgebung trennen musste, um meine Reise ins Unbekannte anzutreten, war dieses Unterfangen mit erheblichen Bedenken meinerseits verbunden. Meine Vorbehalte gegen diese Kur oder auch Reha, ganz wie man es nennen möchte, waren sehr groß. Letztlich ging es bei mir sogar so weit, dass ich außer meiner Familie nur noch meiner besten Freundin erzählt hatte, in welcher Rehaeinrichtung ich für die nächsten Wochen zu Gast sein würde. Ich nahm an, dass Außenstehende die Situation nicht richtig einschätzen konnten und mich plötzlich als einfältig, verdreht, irre, oder – noch schlimmer – geistesgestört ansehen würden. Dies wollte ich um jeden Preis vermeiden. So redete ich mir während meiner Ankunft in dem Wasserschlösschen zur lockeren Schraube und des Weiteren auch in den folgenden Wochen meines Aufenthalts gut zu: *Jetzt bin ich einmal hier, jetzt ziehe ich die Angelegenheit auch durch.*

Meine Überzeugung war und ist übrigens immer noch: Alles wird gut. Ich glaubte und glaube an die selbsterfüllende Prophezeiung. In vielen Momenten jedoch haben sich meine Vorurteile und meine Vorbehalte bestätigt oder noch verstärkt.

Ich muss allerdings zugeben, dass ich nach einigen Wochen als Gast in der Institution für psychosomatische Erkrankungen auch erkannt habe, dass in dieser durchaus professionelle Hilfestellungen für die weitere Bewältigung des Lebens mit all seinen Höhen und Tiefen gegeben werden konnten. Wir, die Patienten, mussten uns nur auf die Therapien und Therapeuten einlassen. Das sind jedenfalls meine Erkenntnisse, die ich in der Zeit meines Aufenthaltes in der Reha gewonnen habe.

Die Therapeuten waren tatsächlich sehr einfühlsam, waren sehr um das Wohlergehen aller Patienten bemüht und versuchten, unsere gefühlten oder auch realen Probleme aufzunehmen und mit dem jeweiligen Patienten aufzuarbeiten. Sie konnten uns unsere seelische Last natürlich nicht abnehmen. Konnten unsere Schwierigkeiten nicht in Luft auflösen. Doch durch die Gespräche mit den Therapeuten hatte man das Gefühl, schon auf einem guten Weg, auf dem richtigen Pfad zu sein. Es fühlte sich richtig und gut an, wenn man herausfand, woher der Wind wehte. Wenn man in den Einzel- und Gruppengesprächen für sich feststellte: *Ich bin nicht alleine mit meinen negativen Gedanken.*

Es fühlte sich großartig an, als uns Erkrankten ein ausgetüftelter Plan zur Unterstützung, als Krücke sozusagen, an die Hand gegeben wurde. Alles braucht seine Zeit.

Gras wächst ja auch nicht schneller, wenn man daran zieht, wie schon ein afrikanisches Sprichwort sagt.

Ich blieb bis zum letzten Tag meiner psychosomatischen Reha eine interessierte Beobachterin.

Der Beginn einer Reise ins Unbekannte

Am Anreisetag musste ich mich in einer großen Halle zur Aufnahme einfinden. Hier sammelten sich auch alle weiteren Neuankömmlinge, die, wie ich, den Dienstag als Anreisetag auf der *netten* Einladung zum mehrwöchigen Aufenthalt im Wasserschlösschen zur lockeren Schraube erhalten hatten. Man stelle sich einen riesengroßen Haufen Menschen auf einem Bahnsteig kurz vor der Zugabfahrt vor. Jeder wollte der Erste sein. Ein Geschubse, Geschiebe und Gedränge: Man erinnere sich an eine der größten männlichen Fantasyfiguren unserer Zeit: Harry Potter. Denke an die Szene, als er den Bahnsteig zu der geheimen, magischen Parallelwelt findet. An die Ansammlung der nicht menschlichen, magischen Wesen, die auf dem Bahnhof XY auf den Zug in die Parallelwelt warteten. So ähnlich sah es in der Ankunftshalle im Wasserschlösschen zur lockeren Schraube in Bad Kleeblatt aus. Es fühlte sich zumindest genauso an und kam den Szenen aus dem bekannten Fantasybuch sehr nahe. So, genau so, empfand ich es jedenfalls in dem Moment meines Aufmarschierens.

Ein Geschnatter und Taxieren. Es musste herausgefunden werden, mit wem man es künftig zu tun hatte. Mit viel Glück wurden während des Wartens schon die ersten Kontakte geknüpft.

In dem Anmeldebüro, in dem die Neuankömmlinge aufgenommen wurden, ging es nur im Schneckentempo voran. Circa zweieinhalb Stunden, gefühlte Tage, musste ich warten, bevor ich endlich zur Angabe meiner Personalien und Aufnahme meiner Person aufgerufen wurde.

Nachdem ich endlich von einer Angestellten des Wasserschlösschens zur lockeren Schraube aufgenommen worden war, konnte und durfte ich mich bei den Schwestern im Schwesternzimmer zur Ausgabe meines Zimmerschlüssels melden. Circa zehn Minuten später war ich sodann mit all meinem Sack und Pack in meinem fürstlichen Kabäuschen auf Zeit angekommen. Ich war mehr als angenehm überrascht. Das Zimmer war trotz der vielen Vorbehalte gegen den Aufenthalt in der Institution für psychosomatisch Erkrankte sehr komfortabel. Man hatte mir ein exklusives Zimmer in dem angeschlossenen Hotel zukommen lassen. Seeblick inklusive. Das Ganze war fremd, jedoch gut.

Zuvor hatte ich in der unabsehbar langen Wartezeit bis zu meiner Aufnahme das rege Treiben in der Wartehalle auf mich wirken lassen. Sehr zu meinem Glück blieb mein Mann bei mir und beruhigte mich allein schon durch seine Anwesenheit während der schier endlos langen Wartezeit. Es kam in mir das ungute Gefühl auf, ich wäre auf einer Resterampe abgestellt worden.

Auffällig war, dass Frauen sehr wohl mehrere Dinge auf einmal erledigen konnten, zum Beispiel Koffer schieben, reden, sich umsehen, sich beschnuppern, flirten; die im Wasserschlösschen zur lockeren Schraube ankommenden Männer hingegen waren überhaupt nicht multitaskingfähig, entweder Koffer tragen oder reden oder sich umsehen oder baggern.

Oh weia! Der Verdummungsprozess der Bevölkerung schreitet wohl blitzartig weiter voran, dachte ich bei dem, was ich an Wortfetzen in der Halle aufnehmen konnte.

„Hast du die Lampe da hinten stehen sehen? Die mit der roten Glühbirne. Wie die wohl leuchtet?“

Antwort: „Wie soll sie schon leuchten? Sie leuchtet rot.“

Oder auch: „Als wie, wenn wir es hier wirklich richtig gut haben tun“, hm … schon klar.

Nach schon kurzer Zeit meines Aufenthalts wurde der Eindruck in mir geweckt, dass die eingecheckten Gäste der Klinik für Psychosomatik und Psychotherapie in zwei Teile auseinanderbrachen: in *doof* und *doofer*. Geschöpfe, die ich in meinem Leben nie kennengelernt hätte, von denen ich mich im realen Leben abgegrenzt hätte, fanden sich nun in Bad Kleeblatt mit mir gemeinsam ein. *Bestimmt geht es vielen Menschen ähnlich wie mir*, dachte ich.

Eine erhebliche Rolle spielt beim ersten Kennenlernen die Wellenlänge. Bei mir schlugen die gefühlten Wellen nicht gerade meterhoch. Die Wellen meiner Gefühlskanäle dümpelten vor sich hin.

Individuen sind in ihrer Daseinsform sehr unterschiedlich. Das sieht man ja auch von außen: dick, dünn, groß, klein, hübsch, hässlich, sinnierte ich lächelnd in der großen Wartehalle des Wasserschlösschens zur lockeren Schraube, während ich auf einem unbequemen Stuhl auf meine Aufnahme wartete.

Mannsbilder, denen ich nicht gewillt war, Beachtung zu schenken, versuchten die Aufmerksamkeit durch überlaute Unterhaltungen mit anderen Leidensgenossen und -genossinnen schon beim ersten Aufeinandertreffen auf sich zu lenken. Versuchten den Coolen, den Lässigen, den Sympathischen raushängen zu lassen.

Durch Sprüche wie: „Mensch, jetzt geht es erst einmal in die Holidays“ oder „Na, auch was für dich dabei?“ wurde mein Sympathiefaktor durch diese Männer auf einer Skala von eins bis zehn bereits bei der ersten Gesprächsaufnahme festgelegt. Was für Schnuckelchen! Ich war begeistert.

Mir waren diese Sabbelfürsten sofort unsympathisch.

Für mich lag die Vermutung nahe, dass diese Männer in der Vergangenheit eine schwere Kopfverletzung erlitten hatten.

Zur Verteidigung der Männer griff ich den Gedanken auf, dass diese männlichen Individuen nur fernsehgeschädigt seien. Selbstverständlich gab es für meine Hypothesen keinerlei Beweise. Der Verdacht der Resterampe verstärkte sich an dieser Stelle sehr bei mir. Meine innere Stimme schlug Alarm. Auf einer Skala von eins bis zehn hatte ich das Unwohlseingefühl von einer glatten Zehn erreicht und wäre gern wieder aufgestanden, mit meinem Mann zum Auto gegangen und flugs nach Hause gefahren.

In meinem Zimmer musste ich nach den ganzen vorangegangenen Aufregungen erst einmal zur Ruhe, zur Besinnung kommen und wollte unbedingt meine Seele baumeln lassen. Nach einer Regenerationsphase sollte es sodann mit neuem Elan losgehen. Ich wollte auf eigene Faust das Schlösschen erkunden. Natürlich erst, nachdem ich meine vier großen Koffer mit einem jeweiligen Volumen von einhundertelf Litern in den zum Glück dreieinhalb Meter großen Kleiderschrank verstaut hatte. Mein Mann hatte mich beim Packen zu Hause gefragt:

„Sag mal, packst du unseren gesamten Hausstand ein?“

„Nein, nein, nicht den ganzen Hausstand, nur ein paar Sachen zum Wechseln“, hatte ich ihm lächelnd geantwortet.

Nun ließ ich den zurückliegenden Tag der Ankunft in meinem Hotelzimmer Revue passieren. Physisch und psychisch kam ich langsam in dem Wasserschlösschen zur lockeren Schraube an.

Was ich noch am selben Tag während meiner späteren Erkundungstour in Erfahrung bringen konnte, war, wo ich künftig meine täglichen Mahlzeiten zu mir nehmen konnte.

Das angebotene Essen bestand aus dreieinhalb Mahlzeiten: Frühstück, Mittagessen, Abendessen, und für die ganz Hungrigen, die es nicht bis zum Abendessen aushalten konnten, gab auf Bestellung noch eine Zwischenmahlzeit zum Mitnehmen.

Die Mahlzeiten wurden in einem angrenzenden Gebäude gegenüber meiner Herberge auf Zeit eingenommen. Desgleichen fanden in dem angrenzenden Gebäude sowohl die Physiotherapieanwendungen, die Einzel- und Gruppentherapien als auch alle weiteren Anwendungen und Sitzungen statt.

Am zweiten Tag nach der Anreise wurde jedem kenntnisarmen, orientierungslosen Neuankömmling, also auch mir, ein Pate zugewiesen. Die Paten zeigten dem Unwissenden die Räumlichkeiten der psychosomatischen Einrichtung und machten ihren Schützling mit den Gepflogenheiten der Institution vertraut. Diese sogenannten Paten verrichteten ihre Aufgabe mehr oder weniger freiwillig. Alle neuen Kostgänger wurden bei der eigenen Aufnahme gefragt, ob sie sich zutrauen würden, circa zwei Wochen nach ihrem Check-in im Wasserschlösschen zur lockeren Schraube einen neuen Patienten durch die verschlungenen Gemäuer der Rehaanlage zu führen. Wurden gebeten, ihren Schützling auf diesem Weg mit den vielen Räumlichkeiten und Gegebenheiten des Hauses vertraut zu machen. Die planlosen neuen Gäste wurden somit den Paten, die zuvor ihr Einverständnis zu dieser ehrenvollen, gemeinnützigen Tätigkeit gegeben hatten, am Morgen vor dem Rundgang zugeteilt. Dem neuen Patienten wurde ein Zettel mit dem Namen und der Telefonnummer seines Paten zur Klärung der gemeinsamen Zusammenkunft von einem Mitarbeiter des Hauses vor oder nach dem Frühstück ausgehändigt. Anzumerken ist, dass es wirklich eine sehr nette Idee war, die Nebenhäuser der Selbstfindungsstätte nebst Umgebung kennenzulernen.

Ich hoffte inständig, dass mein Pate nett und sympathisch sei. Ich hatte großes Glück! Mein Pate war sehr nett und unglaublich sympathisch. Er nahm sich selbst nicht so ernst – wie angenehm! Mein Pate war ein älterer, gepflegter, etwas behäbiger Herr und trug den wohlklingenden Vornamen Manfred. Besagter Manfred gab sich wirklich ausgesprochen große Mühe, mich mit den Gepflogenheiten und den vielen Bereichen des Hauses vertraut zu machen. Als Manfred mich durch alle Räume und die dazugehörigen Nebenräume der Einrichtung geführt hatte, hielt er, am Ende seines Rundgangs angekommen, fordernd seine rechte Hand auf und sagte:

„Bärbel, wenn es dir gefallen hat, bin ich dir für eine kleine finanzielle Zuwendung dankbar."

Ich wusste nicht, ob seine Forderung tatsächlich ernst gemeint war, entschied mich zu lachen und antwortete beschwichtigend:

„Mensch, Manfred, so viel Geld, wie ich dir für deine gute Führung geben müsste, habe ich leider nicht dabei."

Der Damm war gebrochen. Wir lachten beide lauthals auf.

Wie angenehm! Wir hatten denselben Humor. Wir nahmen uns beide nicht so ernst.

Dank Manfred kannte ich mich am nächsten Tag schon relativ gut in dem Sanatorium nebst Nebenräumen aus. Tatsächlich war Manfred in den Wochen meines Aufenthalts einer der wenigen Menschen im Wasserschlösschen zur lockeren Schraube, zu denen ich Vertrauen fasste.

Doch zurück zum Anwesen der Institution. Das gesamte Areal war unglaublich groß, die Zugänge verschlungen. Das riesige Anwesen war für „Frischfleisch" wie mich ohne die angebotene Unterstützung der Paten, die bereit waren, uns Neuankömmlinge mit dem Labyrinth vertraut zu machen, oder für die Besucher der Kranken ohne den Beistand der eingecheckten Angehörigen unüberschaubar. Ohne Hilfe konnte sich jeder Neuankömmling und Besucher auf dem

Gelände und in den Gebäuden des Erholungsheims leicht verlaufen.

Am ersten Tag meines offiziellen Rehabeginns, gleich nach dem Frühstück, musste ich – der Regieanweisung der Klinikleitung gehorchend – Kontakt mit einem der vielen Sporttherapeuten aufnehmen. Die Therapeuten stellten am ersten Tag nach der Ankunft in einer großen Empfangshalle fest, in welcher Gruppe der beweglichen oder der nicht beweglichen Teilnehmer sich die Neuankömmlinge einfinden durften. Am Morgen nach dem Check-in und künftig an jedem folgenden Freitag wurden die Therapiepläne für die beschränkt Befähigten von den Verwaltungsmitarbeitern der Klinik erstellt und ausgeteilt. Der wöchentlich wechselnde Therapieplan wurde am Abend desselben Tages auf die Zimmer der Patienten gelegt. Sollte sich einer der Patienten nach eingehender Prüfung gegen oder für ein anderes Angebot entscheiden, bitte sehr, man nehme zu einer vorgegebenen Zeit Kontakt zu den betreffenden Therapeuten auf, kläre seine Wünsche mit diesem oder jener ab und schon wurde der Wochenplan entsprechend der eigenen Befindlichkeit geändert. Der geänderte Plan wurde wiederum erneut auf dem Zimmer des beschränkt Befähigten deponiert.

Wohlwollend stellte ich fest, dass in dem Wasserschlösschen zur lockeren Schraube durchaus auf die allgemeinen Befindlichkeiten, die Beweglichkeit oder die Unbeweglichkeit der Individuen nach der zuvor getroffenen und dokumentierten Beurteilung durch den stationär aufnehmenden Arzt Rücksicht genommen wurde. Das Wohlbefinden des jeweiligen Patienten stand in den heiligen Hallen des Gesundheitstempels ganz offensichtlich im Vordergrund. Ich fühlte mich entgegen meiner Vorbehalte bis zu diesem Zeitpunkt dort gut aufgehoben.

Ich muss jedoch zugeben, dass ich anfangs mit der vorgefundenen Situation komplett überfordert war.

Was kommt jetzt nur alles auf mich zu?, fragte ich mich, als ich nach dem ganzen Vorstellungs- und Einweisungsprozedere den für mich aktuellen Therapie- beziehungsweise den Wochenplan ausgehändigt bekam. Meine Zweifel waren angesichts der vielen Anwendungen, die auf meinem Plan standen, durchaus berechtigt. Die vorgegebenen Termine überschnitten sich zum Teil. Manchmal hatte ich nach der Beendigung des einen Termins bis zum Beginn des nächsten Termins gerade einmal fünf Minuten Zeit, um schnellen Schrittes durch die gesamte Anlage zu laufen. Kein Grund zur Freude – ich musste in diesen fünf Minuten einen Weg durch die Irrgärten der Gebäude bewerkstelligen. Dieses Unterfangen war jedoch definitiv unmöglich. Bei diesem Wirrwarr waren mein geschultes Zeitmanagement, mein großes Organisationstalent und mein sportliches Geschick gefragt.

Leben unter der *Glocke*

Der Aufenthalt übertraf meine kühnsten Erwartungen, war an nicht wenigen Tagen surreal und glich einem schlecht recherchierten Film.

Das Leben schreibt tatsächlich die besten Drehbücher.

Zum Essen, zu den Anwendungen und Therapien trotteten die *geladenen Gäste* wie fremdgesteuerte Aliens von allen Seiten in Schwärmen von rechts und links, von vorne und von hinten zu den jeweiligen Räumen. Das war definitiv ein schräger Anblick beziehungsweise endgültig der Beweis für mich, dass Außerirdische unter uns auf der Erde weilen.

Interessant fand ich die unterschiedlichen Dialekte, die ich oft zu hören bekam:

„Kumm, steck dir a-o-o", kam aus einer Ecke.

„In Oberbayern is am schenstn", tönte es mir an einem Tag aus einer der heiligen Hallen der Institution entgegen. Des Weiteren nahm ich viele andere Dialekte wahr.

„Dor fehlt mi de Woeoer."

„Do kennsch grad uff dr Sau naus."

„Ei härrjehses, das wärd scheene."

„Ik soog juem – ik wet gor nich wat juem felt."

Junge, Junge, es war ohnegleichen. In der Institution für psychosomatisch Erkrankte waren bestimmt alle sechzehn Bundesländer im „Spiel ohne Grenzen" aufgelaufen. *Ob es hier im Wasserschlösschen auch Übersetzer für die jeweiligen Dialekte gibt?*, ging mir durch den Kopf.

Ich schlenderte schmunzelnd an den sechs „Fremdländischen" vorbei in den großen Speisesaal. Für meinen niedrigen Blutzuckerspiegel benötigte ich dringend ausreichend Energiezufuhr. Ich hatte Hunger. Ich wollte etwas essen.

Für die circa einhundertsiebzig Menschen inklusive mir gab

es nur zwei Essenssäle. Bevor ich nun in den Genuss der angedachten Nahrungsaufnahme kam, musste ich mich in einer Schlange von Neuankömmlingen anstellen. Jeder neue Patient bekam am Tag seiner Ankunft von einer Diätassistentin einen festen Platz für die Dauer seines Aufenthalts in einem der zwei Essenslokalitäten zugewiesen. Ansonsten wäre das Chaos wahrscheinlich vorprogrammiert gewesen.

Holla die Waldfee, was einem hier alles geboten wurde! Vielleicht auch noch ein Sternekoch, hoffte ich aufs Innigste.

Leider musste ich im Verlauf meines Aufenthalts feststellen, dass in der Küche keine Sterneköche beschäftigt wurden, sondern wohl eher Kantinenköche, eventuell auch Fachkräfte für Systemgastronomie.

Ich hatte viel Glück, so dachte ich jedenfalls. Mir war zur Einnahme meiner Mahlzeiten am Tag meiner Ankunft ein großer Tisch für bis zu acht Personen im großen Essenssaal zugewiesen worden. Dieser große Saal bot uns zwei Büfetts. Im kleinen Saal nebenan fand der hungernde Gast lediglich ein kleines Büfett vor. Es war allerdings eine völlige Fehleinschätzung meinerseits anzunehmen, dass in den Speisesälen jeder zu seinem Essen kam. Sollten wir Patienten nicht haargenau zur vorgeschriebenen Zeit anwesend sein – Pech gehabt –, mussten wir nehmen, was übrig war. Es war so manches Mal – dies sogar bereits nach einigen wenigen Minuten – nicht viel Essbares mehr vorhanden. Sprich, die Büfetts waren abgegrast. Frei nach dem Motto: Wer nicht kommt zur rechten Zeit, der muss nehmen, was übrig bleibt.

Auch unterlag ich dem großen Irrglauben, dass leere Tabletts oder Salatschalen oder sonstige Behältnisse wieder aufgefüllt wurden. Einmal leer war und blieb auch leer.

Die Tage im Wasserschlösschen zur lockeren Schraube wurden vom Frühstück bis zum Abendbrot im Halbstundentakt von den Angestellten der Institution durchgeplant, was für manche Patienten sehr gut war. Einige benötigten ganz klare, enge Vorgaben. Diese fremdbestimmte Terminplanung hatte aber für viele auch ihre Schattenseiten. Es herrschte ein kontinuierlicher Termindruck.

Die Wochentage von Montag bis Freitag waren halbstündlich durchgetaktet. Bis zum sogenannten Feierabend. Dieser setzte an den meisten Tagen gegen sechzehn Uhr ein.

Uns Leidenden verblieb somit bis zur Arbeitsruhe verdammt wenig Freiraum für eigene Aktivitäten.

„Mensch, wir haben aber wenig Zeit für unser Privatleben. Der Tag ist wohl so eng gestrickt, damit wir bloß nicht auf dumme Gedanken kommen. Man weiß ja nie …“, stöhnte Renate, eine Mitpatientin von mir, als wir uns beim fliegenden Wechsel von einem Therapieraum zum nächsten auf dem langen Korridor begegneten. Renate war meine Partnerin in meinem Bauch-Beine-Po-Kurs, den ich freudig am ersten Tag der Sportauswahl dem Sporttherapeuten abgerungen hatte.

Damit meine Mitpatienten und ich unsere halbstündlichen Termine nicht vergaßen und wussten, in welchem Haus und in welchem Zimmer wir uns einzufinden hatten, gab es selbstverständlich noch den täglichen Zeiterfassungsplan.

Auf diesem war wirklich alles aufgeführt. Bloß nicht mitdenken müssen! Selbst die einzunehmenden drei Mahlzeiten waren mit den dazugehörigen Zeiten aufgeführt. Genau wie alle Anwendungen und Therapien. Diese natürlich mit den dazugehörigen Zeiten inklusive der Räume und Raumnummern. Zu den Mahlzeiten gab es, um einen Stau zu vermeiden, eine Einteilung in zwei Gruppen. Ich erfuhr bereits am Abend des ersten Tages, welcher Gruppe ich zugeordnet worden war. Sollte Mann oder Frau von der vorgegebenen Zeit abweichen wollen, da man unter Umständen schon vor der aufgeführten

Zeit das Verlangen nach Nahrung hatte ... Pech gehabt. Der zugewiesene Platz am Tisch war noch mit einem anderen Patienten belegt. Die einzige Möglichkeit, seinen Hunger vor der festgelegten Zeit zu stillen, hätte bedeutet, dass man sich den Stuhl sowie das Fleckchen des zugeteilten Tisches hätte teilen müssen oder der hungrige Patient sich auf den Schoß des anderen Mitplatzinhabers hätte setzen müssen.

Nett war auch, dass auf den Tischen grüne Plastikzungen mit den Namen und der Verweildauer der Patienten ausgelegt waren. Auch die Essvorlieben derer, die den Platz belegten, waren auf diesen vermerkt. Ähnlich wie Tischkarten. Diese lagen für die ganze Zeit des Aufenthalts aus und durften unter keinen Umständen entfernt werden. Wahrscheinlich traute man es uns Patienten nicht zu, dass wir uns den Tisch und die Zeit, die wir an diesem verweilen würden, sowie den dazugehörigen Platz als auch unsere Wünsche und Vorlieben, die wir bezüglich der täglichen Nahrungsaufnahme am ersten Tag am Abend der Ankunft einer Diätassistentin vorgetragen hatten, merken konnten.

Als Patient warst du gewollt oder ungewollt immer auf dem Sprung. Dieses unbehagliche Gefühl kroch extrem in den ersten zwei Wochen meines Aufenthalts in mir hoch – immer wenn ich zur Uhr blickte und feststellte, dass ich mal wieder viel zu spät dran war. Die von mir gewünschte und ersehnte Ruhe setzte im Wasserschlösschen zur lockeren Schraube einfach nicht ein. Von Erholung, von Entspannung keine Spur. Ich hatte in der Institution für psychosomatisch Erkrankte viel mehr Stress als zu Hause. Das Einzige, was ich als angenehm empfand, war, dass das Essen serviert wurde und die Zimmerreinigung fremdvergeben war.

Über meine Wochenenden wollte ich selbst verfügen und löste mich daher an diesen zwei freien Tagen – in dem Wasserschlösschen zur lockeren Schraube gab es einen 5-Tage-Plan – von Montag bis Freitag – aus dem System, dem hier bestehenden Diktat, heraus.

Bisher bin ich immer der Meinung gewesen, dass Patienten den Stress, die Hektik und den Zeitdruck in Einrichtungen wie dem Wasserschlösschen oder ähnlich guten Institutionen ablegen sollten. Offensichtlich war dies aber nicht die Intention dieses Hauses. Es war nicht das Bestreben der Therapeuten und der Ärzte, die Patienten im Wasserschlösschen zur lockeren Schraube zur Ruhe kommen zu lassen.

Man musste zu dem System jedoch fairerweise sagen, dass suggeriert wurde, dass *alle* auf den Plänen aufgeführten Termine aus freien Stücken in Anspruch genommen werden konnten. Wenn ich zum Beispiel den einen oder anderen Termin aus den verschiedensten Gründen nicht wahrnehmen konnte oder wollte … kein Problem. Sodann musste ich lediglich meinen Hintern in Bewegung setzen und mich im Schwesternzimmer abmelden. Theoretisch. Praktisch stellte ich allerdings die Inanspruchnahme dieses *fairen* Angebots nicht oft fest. Nur einige wenige machten von diesem *loyalen* Angebot der Enthaltsamkeit Gebrauch. Die meisten scheuten sich, denn als Nachweis über die Besuche der einzelnen Therapien gab es lilafarbene Klappkarten, die jedem Neuankömmling bei der Aufnahme zu treuen Händen ausgehändigt worden waren. Die Therapeuten zeichneten auf diesen Karten ab, ob die Patienten, die auf ihrem Plan zugeteilten Kurse und Therapieangebote auch tatsächlich wahrgenommen hatten. Diese Teilnahmebestätigung seitens der Heilkünstler floss am Ende der Behandlung mit in den Abschiedsbrief, den Beurteilungsbogen der Rehainstitution an die Rentenversicherungsanstalten ein. Der Gedanke, der hinter all dem Prozedere steckte, so nahm ich jedenfalls an, war, dass wir, die Erkrankten, den Anschluss an unsere Arbeitswelt nicht verlieren sollten. Wir, die Patienten, sollten uns nicht zu sehr *zu Hause* fühlen. Wir sollten uns wohl lieber wie auf der Arbeit fühlen. Von einem Termin zum anderen hetzen. Warum sollten sich denn zum Beispiel die Burn-out-Patienten, die Depressiven erholen? Ja, warum eigentlich? Bloß keine Bewältigung zulassen. Der einzige erkennbare *Vorteil* für einige Mitpatienten, den ich glaubte erkannt zu haben, war, dass die Leidenden hier fremdbestimmt wurden. Dennoch sollten wir, die sonst in Ämtern, Geschäften oder Betrieben beschäftigt waren, offensichtlich unsere Arbeitswelt nicht komplett aus den Augen verlieren.

An einem Tag meines Aufenthalts war ich komplett groggy vom Kardiotraining in meinem Hotelzimmer angekommen. Erschöpft und abgekämpft von dem anstrengenden zurückliegenden Tag lag ich auf meinem Bett und sinnierte:

Zu Hause werde ich mich nach der Kur wohl regenerieren müssen, um die unglaublich vielen Eindrücke und den ganzen Stress zu verarbeiten. Dies war meine feste Absicht. Gleichwohl war ich noch am Anfang meiner Reha und musste mich erst an das Leben in dem Wasserschlösschen zur lockeren Schraube gewöhnen.

Wochen später, nach etlichen Gesprächen mit einigen Mitpatienten erfuhr ich, dass diese ähnlich fühlten wie ich. Viele waren mehr oder weniger gestresst. Freuten sich riesig auf ihr Zuhause und auf ihren gewohnten Alltag. Allerdings gab es auch die *andere* Fraktion. Einige wenige wollten nicht mehr nach Hause, sondern wären gerne unter der *Glocke,* in ihrem Kokon, in ihrer sozialen Isolation, schön abgeschirmt von den Alltagssorgen und Nöten, im Schlösschen geblieben.

Testosteronüberschuss

Der Überschuss an Testosteron war in der Institution für psychosomatisch Erkrankte fast schon greifbar.

Männer, die in der wirklichen Welt *draußen,* außerhalb der *Glocke,* nur noch als *C-Kandidaten* oder über die großen Casting- oder auch die Realityshows auf privaten Fernsehsendern einer breiten Masse bekannt gemacht worden waren, hatten im Wasserschlösschen zur lockeren Schraube tatsächlich den festen Glauben, sie könnten ein Alphaweibchen ergattern. Allerdings nicht nur das. Dieses auch zu begatten war offensichtlich das oberste Ziel dieser Männer. Manche Gefährten hatten die Haare schön und hatten sich anlässlich ihres Genesungsaufenthalts Strähnchen ins Haar färben lassen, damit man sie aus dem Weltall besser sehen konnte. Ich unterstelle diesen Männern einmal, dass sie einen Uterus nicht von einem Unikum unterscheiden konnten. Mein Eindruck änderte jedoch nichts an der Tatsache, dass das Blut dieser Männer vor purem Paarungsverlangen kochte.

Allerdings bleibt ein Schwein ein Schwein, auch wenn es Lippenstift trägt. Was taten die Ausgesuchten, die Erwählten, die Angebeteten?

Man glaubt es kaum, doch viele der erwachsenen, mündigen Frauen kicherten und freuten sich über die ungeteilte Aufmerksamkeit, die ihnen zuteilwurde. Frauen jenseits der fünfzig glaubten sich wieder in die Teenagerzeit versetzt und erwiderten den Ruf der Verlockung mit allen Reizen, die ihnen zur Verfügung standen. Zu erkennen war für mich zweifelsfrei: Es brannte noch Licht in dem einen oder anderen Uterus.

Einige Frauen sagten sich gewiss auch: Ich nehme ALLES, bevor meine Pflaume verdorrt …

Cupido, der verpeilte Liebesgott, musste in den heiligen Hallen offensichtlich schon vor mir unterwegs gewesen sein. Der Liebesbote hatte bereits etliche seiner Begierdepfeile verschossen. Manchmal blieb mir, die ich zum Glück immun auf diese Testosteronbomben reagierte, nur eine Schlussfolgerung: *Gelegentlich kommt es in dem ehrenwerten Haus offensichtlich zu lokalen Demenzen.*

Tatsächlich stellte ich mir häufig die Frage, in welchem Universum das Erlebte möglich war. Im Wasserschlösschen zur lockeren Schraube fanden etliche der besagten Männer offensichtlich endlich einmal wieder die eine oder andere Frau, die sie zum Anfassen nicht aufpusten mussten.

Möglicherweise hatten die Männer, die noch aktiven Sex im gegenseitigen Einvernehmen mit ihren Partnerinnen genießen durften, diesen in ihrem Heimathafen nur noch, wenn ihre Partnerin mit offenem Mund eingeschlafen war.

Hormongesteuert behüpften sich in den heiligen Hallen des Wasserschlösschens zur lockeren Schraube die Paarungswilligen. Es wurden – ungelogen – bei jeder sich bietenden Gelegenheit zahllose Probebohrungen vorgenommen.

Sex immer alleine ist ja irgendwann auch keine Überraschung mehr. In der Institution wurde selbst auf Alter, Geschlecht und Gebrechlichkeiten keine Rücksicht genommen. Bunga Bunga.

Oft dachte ich: *Vielleicht müsste ich den Frauen nur einmal verständlich nahebringen, dass der deutsche Mann nur elf Sekunden lang erregt ist. Nach elf Sekunden fällt laut wissenschaftlichen Erkenntnissen die Erregung des Mannes in sich zusammen wie ein Soufflé, das zu schnell erkaltet, wenn man es zu früh aus dem Ofen holt.*

In *meiner* Heilstätte flog so manche Testosteronbombe über das eine oder andere menstruale Minenfeld.

Es schien, als hätten etliche Mitpatienten eine Thrombose im Gefühlskanal. Hier suchte so mancher Mann auf illegalem Weg eine neue Gespielin!

Es waren des Weiteren einige Weitgereiste in der großen Anlage unterwegs. Diese nahmen sich die Stadt Esperantina zum Vorbild. In dieser kleinen, in der Nähe Rio de Janeiros gelegenen Stadt feiern die Bewohner und Anrainer seit dem 9. Mai 2002 alle Jahre wieder den Tag des Orgasmus. In dieser Stadt wird der Orgasmus als eine Gabe Gottes gesehen. Also feierten die Weltenbummler, diese selbst ernannten Missionare unter dem ehrwürdigen Einsatz ihres eigenen weltlichen Fleisches diesen denkwürdigen Feiertag freudig und selbstverständlich komplett selbstlos mit. Aber auch nur, um für diesen Feiertag zu werben. Für alle Angesprochenen war daher jeder Tag ein guter Feiertag.

Ich philosophierte bei den sich mir bietenden Schauspielen:

Es ist wissenschaftlich bewiesen, dass das Erbgut der Schweine zu achtundneunzig Prozent Ähnlichkeit mit dem Erbgut des Menschen aufweist. Es sind lediglich zwei Prozent menschliches Erbgut, das dazu beigetragen hat, dass Männer keine Ringelschwänze haben. Aber deshalb müssen ja nicht so viele Männer in der Einrichtung für psychosomatisch Erkrankte gleich ihren purpurnen Liebeskrieger von möglichst vielen Mitpatientinnen samtig ausstreichen lassen wollen!

Eventuell wäre es für die objektive Wahrnehmung bei vielen der anwesenden Frauen gut gewesen, auf ihre Beeinflussung zu setzten. Es wäre sinnvoll gewesen, wenn ich die angesprochenen Frauen dazu gebracht hätte, endlich ihre rosaroten Brillen abzusetzen. Ich hätte dann und wann gut Hilfe von unserer ersten großen Feministin Alice Schwarzer oder ihren Anhängerinnen gebrauchen können. Oft stellte ich mir die Frage: Wo sind nur all unsere Feministinnen hin?

Meine Mitpatientinnen gaben mir das Gefühl, das sie die stille Hoffnung in sich trugen, sie würden sich ein Rennboot ins Bett holen. Doch nach dem Hoch kam das Tief. Die Ärmsten bekamen oft tatsächlich nur die Titanic. Streckenweise wollte ich nur noch aufschreien. Gerne hätte ich dann und wann die eine oder andere Frau an den Schultern gefasst und gut durchgeschüttelt, um sie wieder auf den Boden der Tatsachen, ins Hier und Heute, in die Realität zurückzuholen.

Bin ich denn die Einzige an dieser großen Front, die immun gegen diesen Virus ist?, grübelte ich.

Beziehungstechnisch wollten viele der anwesenden Männer gern in eine Doppelgarage fahren. Zu Hause hatten sie vermutlich das Automodell mit dem H-Kennzeichen. Älter, vielleicht auch ihr Baujahr, dennoch zu gut zum Ausrangieren. Im Schlösschen suchten sie einen Hybridwagen. Neu, noch nicht oft benutzt, nicht richtig beziehungsweise noch gar nicht eingefahren. Dieses schöne, neue Modell wollte der neue Besitzer gern selbst einfahren. Es ist bestimmt müßig zu erwähnen, dass im Wasserschlösschen zur lockeren Schraube eine feste Zweisamkeit exotisch war.

In der Genesungsstätte für psychosomatisch Erkrankte sahen viele meiner verehrten Mitpatienten – Männer wie auch Frauen – ganz offensichtlich die Beständigkeit einer bestehenden Beziehung als eine Farce. Was mochte wohl die eigene Ehefrau oder auch der eigene Ehemann, der Lebensgefährte oder die Lebensgefährtin davon halten?

Vorprogrammiert war meiner Meinung nach definitiv schon der Zank, der Streit, der Zwist, der tendenziell auf ein Splitting hinauslief!

Im Hafen des idyllischen Sees rund um die Institution waren bestimmt manche Ehen, Lebensgemeinschaften oder Partnerschaften in Sichtweite des Ufers gesunken.

In dem Hotel, in dem ich ein komfortables Einzelzimmer belegt hatte, gab es zwei Fahrstühle. Einer von ihnen war jedoch immer out of order. Die Lifte in diesem Haus waren fürwahr vorsintflutlich.

Es dauerte tatsächlich jedes Mal nach dem Drücken des Knopfes einige Minuten, bis diese endlich in der angeforderten Etage eintrudelten. Ich empfand das Warten auf das Ankommen der Auf- und Abwärtskabinen immer als eine Folter.

Warum? Na ja, auch vor den Aufzügen begann gern so manche Kontaktaufnahme seitens einer der Testosteronbomben. Von der Art: „*Ich bin wichtig*" traute sich während der langen Wartezeiten vor den Fahrstühlen der eine oder andere unliebsame Kandidat, ungezügelt mit seinem Anliegen vorzupreschen.

Ich war am fünften Tag meines Aufenthalts mit einem Mitpatienten, den ich lediglich vom Sehen her kannte, in den Fahrstuhl eingestiegen, als dieser mich ansprach und fragte:

„Sag mal, warum ist es eigentlich so schwer, die richtige Partnerin zu finden?"

„Warum? Hast du zu Hause die falsche Frau sitzen?", beantwortete ich dem Unbekannten seine Frage mit einer Gegenfrage. Dieser hatte mir entweder nicht zugehört oder er ignorierte meine Antwort. Sekunden später schoss schon der nächste Wortmüll aus ihm heraus:

„Der Tisch ist reichhaltig und gut gedeckt, und trotzdem findet sich keine, die sich an meinen Tisch setzt", frotzelte der unsympathische Mann.

Mir fehlten für einen Augenblick die Worte. Ich sah ihn fragend an und stieg still aus dem Fahrstuhl aus. Auf dem

Vorplatz des Wasserschlösschens zur lockeren Schraube angekommen suchte ich Renate.

Die meisten der anwesenden Männer wurden offensichtlich nur durch ihre tierischen Triebe geleitet. Ich vermute, es mögen bestimmt neunzig Prozent der Männer einen *kleinen Mann* im Ohr gehabt haben, der ihnen täglich aufs Neue suggerierte: *Hey, du, ja du, du musst dich paaren!*

Was hatten die anwesenden Männer nur für eine Selbstreflexion? Wohl erfüllten sie das hormonelle Profil, aber keiner der anwesenden männlichen Kranken erfüllte im Mindesten meine Grundanforderungen.

So fragten einige der männlichen Gestalten meine Mitpatientinnen während der Fahrten im Fahrstuhl zum Beispiel:

„Was hast du denn so auf deinem Plan?" oder:

„Wenn du Zeit und Lust hast, lass uns doch zwischendurch einen Kaffee trinken gehen" oder:

„Hast du Lust, mit mir in die Stadt zu gehen, ein bisschen zu bummeln und so?" oder:

„Du auch hier?" Diese Fragen wurden natürlich nur den Frauen gestellt, von denen sich die paarungswilligen Männer erhofften, dass diese für ihre plumpen Avancen offen waren.

Einmal kam auch ich in den Genuss. Unverblümt fragte mich ein Mitpatient: „Du auch hier?", als ich mit einigen anderen Mitpatienten und Renate vor dem Fahrstuhl auf dessen Ankunft wartete.

„Warte mal, ich frage mal meine Bekannte", antwortete ich dem Interessierten gereizt. Ich drehte mich zur rechten Seite, wo Renate stand, und fragte diese:

„Renate, bin ich auch hier?"

Mit einem knappen: „Ja" beantwortete Renate meine Frage lächelnd. Ich drehte mich wieder zu dem offensichtlich an Testosteronüberschuss leidenden Mann um und gab ihm mit einem ironischen Unterton, jedoch einem sanften Lächeln auf meinen Lippen zur Antwort:

„Hast du gehört? Ich bin auch hier." Ich war fest der Meinung, mein NEIN war deutlich genug. Mehr noch … ich hoffte, dass sich meine Ablehnung unter den männlichen Mitpatienten herumsprach. Tatsächlich wurde ich an diesem Tag eines Besseren belehrt. Lediglich zwei Stunden später, diesmal jedoch im Fahrstuhl, wurde folgende kluge Frage eines anderen Mitpatienten an mich gerichtet:

„Magst du mit mir über deine Probleme sprechen?"

Ich dachte, ich höre nicht richtig! War diese Frage tatsächlich ernst gemeint?

„Ja, klar mag ich. Ich kann mir keinen besseren Gesprächspartner als dich vorstellen", gab ich ihm genervt zur Antwort. Wie kam dieser Mann nur darauf, dass ausgerechnet er mein Vertrauter werden oder gar schon sein könnte?

Dich alten Gockel gibt es bestimmt auch nur im Doppelpack, dein riesengroßes Ego und dich, dachte ich während der Fahrt ins Erdgeschoss.

Die Tage in der Institution waren wirklich anstrengend. In dem Wasserschlösschen wurde gesabbelt, was das Zeug hielt. Hätte, wäre, wenn.

Viele dieser männlichen Pussys buckelten, kratzten und schnurrten wie dicke, alte, rollige Kater. Einzig, um an ihr anvisiertes Ziel zu kommen. Die Krallen an den Tatzen der Rolligen waren vom vielen Kratzen bereits völlig abgewetzt. Ihre Pranken waren schon völlig wund gescheuert.

Auch nahm ich in den Wochen meines Aufenthalts diesen ungeheuerlich abgedroschenen Satz auf meinem Weg in eines der Gebäude auf:

„Ich kann eine Frau sehr, sehr glücklich machen."

Ich sah die beiden, die am Ein- beziehungsweise Ausgang des Hauses standen, an.

Schnurstracks, staunend und beeindruckt wie ein Kleinkind, dem man gerade die Welt erklärt hat, ging ich an den beiden Rauchern vorbei und betrat schmunzelnd das Gebäude, in dem eine meiner Gruppentherapien stattfand. Der Platzhirsch, der diese Aussage getroffen hatte, war bestimmt schon Ende fünfzig und seine Auserwählte wohl noch keine dreißig … beides selbstverständlich Schätzwerte.

Ich sinnierte: *Die Frage ist wohl nur, wie du eine um fast dreißig Jahre jüngere Frau sehr, sehr glücklich machen kannst.*

Variante eins: Indem du die Tür von draußen schließt!

Variante zwei: Indem du deine Geldbörse weit genug öffnest.

Ein Spruch, der mir während meines Aufenthaltes im Wasserschlösschen zur lockeren Schraube mehrfach zu Ohren kam, lautete:

„Ich bin ein Frauenversteher. Solltest du mal Probleme mit einem Mitpatienten oder auch einer Mitpatientin haben oder dich drückt ein Problem an irgendeiner Stelle, ich habe immer ein offenes Ohr für dich."

Ich stellte mir in diesen Momenten die Frage: *Meinten die Mannsstücke wirklich „offenes Ohr"?*

Ich hoffte, dass das Geschwätz der arbeitsunfähigen Männer nur bedeutungslose Phrasen waren. Sie konnten doch diese Plattitüden nicht tatsächlich ernst meinen – oder etwa doch?

Wie nett von den vielen Frauenverstehern, dass sie sich so galant, so rührend, so selbstlos um das Wohlergehen ihrer Mitpatientinnen sorgten! Allerdings sprechen Männer und Frauen nicht immer dieselbe Sprache, und somit konnte die angedachte Kommunikation auch gut *in die Hose gehen*. Grundsätzlich hätten die hilfsbereiten Männer von ihrem eigenen Gelaber müde werden müssen. Aber weit gefehlt!

Gruselig fand ich, dass sich attraktive Frauen im Wasserschlösschen zur lockeren Schraube permanent der Avancen der verschiedensten – nennen wir das Kind ruhig einmal beim Namen – notgeilen Männer erwehren mussten. Wie unglaublich anstrengend! Das aufdringliche Verhalten meiner männlichen Mitpatienten wurde an vielen Tagen von mir, auch wenn ich nicht immer selbst betroffen war, als enorm lästig empfunden. Diese extremen Verhaltensmuster waren wohl auf unsere Genetik zurückzuführen. Soll doch ein Teil der Gene einer Schnecke in unserem menschlichen Erbgut enthalten sein. So konnten die Baggerfürsten durch die Zusammensetzung unseres Erbguts letzten Endes gar nichts für ihre Kriecherei und Schleimerei.

Folgende Sprüche waren an der Tageordnung:

„Wenn wir uns in deiner Stadt begegnen, können wir ja gemeinsam etwas essen gehen“ oder:

„Wir können uns ja einmal irgendwo treffen, natürlich nur, wenn du Lust hast“ oder:

„Gibst du mir für den Austausch von Daten und Fotos (*welche Fotos?*, fragte ich mich) deine E-Mail-Adresse?“ oder: „Wollen wir unsere Telefonnummern austauschen?“

Klar, warum nicht gleich die Handynummern? Sodann wäre doch deine Auserkorene Tag und Nacht für dich erreichbar, dachte ich mir bei dem Geschwafel. Wenn ich so zurückblicke, war an verbalem Müll wirklich *alles* dabei.

Eine leidvolle Erfahrung, die ich am eigenen Leib machen musste: Als ich zeigte, dass ich von den vielen Avancen meiner männlichen Mitpatienten genervt war, die etlichen Einladungen der vielen Männer ausschlug und des Weiteren zu erkennen gab, dass ich ums Verrecken nicht an einer der Testosteronbomben interessiert war, galt ich als arrogant und zickig. Galt als eiskalt. Man könnte auch fast sagen, ich wurde von einigen männlichen Mitpatienten gemobbt.

„Du hältst dich wohl für was Besseres?“, hatte mir ein Mitpatient einmal bitterböse entgegengeschleudert, nachdem ich seine Einladung zu einem gemeinsamen Kinobesuch wieder einmal ausgeschlagen hatte. Ich weiß noch genau, dass mir nachfolgender Gedanke durch meinen Kopf ging:

Das Leben ist eben kein Ponyhof, kein Wunschkonzert, liebe verpeilte Männer!

Nachdem sich der Mitpatient lautstark und schwer verschnupft Luft gemacht hatte, ging ich – erhobenen Hauptes und mich zu keiner Äußerung in seiner Gegenwart hinreißen lassend – gelassen weiter meines Weges. Nur nicht zeigen, dass sein verbales Wurfgeschoss einen Treffer gelandet hatte.

Was für *verlockende* Angebote sich in dem Kurheim auftaten! Bei so viel männlicher Zuwendung, so viel ungewollter Aufmerksamkeit kam bei mir persönlich so manches Mal ein imaginärer Brechreiz hoch.

In dem Wasserschlösschen zur lockeren Schraube gab es während meines Aufenthalts tatsächlich lediglich vier adäquate Gesprächspartner mit denen ich mich – ohne das Gefühl zu haben, bei ihnen einen Hintergedanken zum Leben zu erwecken – gut unterhalten konnte … Renate, Holger, Ina und Manfred.

Wer sich freiwillig bewegt, ist selbst schuld!

Den Bewegungslegasthenikern sei gesagt, dass in der Institution für psychosomatische Erkrankungen niemand dem Sport entrann. Sport setzt ja bekanntlich große Mengen Endorphine frei, und diese sollten die bis dahin aufgestauten negativen Gefühle vertreiben.

Außer mir schien jedoch niemand sonst die Meinung zu vertreten, dass Sport wirklich etwas Positives darstellte. Ich schien die Einzige zu sein, die sich über jede Extrasportzeit freute. Ja, die sogar mit den zuständigen Sporttherapeuten über Extrasportzeiten verhandelte. Die meisten meiner Mitsportler fanden Ausreden, um dem mannigfaltigen Sportangebot zu entfliehen, oder sie verkürzten diese für meine Bedürfnisse sowieso sehr kurz erscheinende – halbe Stunde – um weitere zwanzig Minuten. Hatte meinen Mitpatienten denn keiner gesagt, dass Sport sich vorteilhaft auf das Gemüt, auf die Beweglichkeit und zu guter Letzt auf die Figur auswirkt? Nein, viel besser: Ich hatte den Eindruck, dass meine lieben Mitpatienten alles taten, wahrlich alles, um auf keinen Fall auch nur ein einziges Gramm abzunehmen. Besagte Bewegungslegastheniker tranken viel gesüßte Brause, Coca Cola, Fruchtsäfte, nahmen gerne Kondensmilch in den Kaffee. Zucker statt Süßstoff in ausreichender Menge nicht zu vergessen. Aßen gerne Chips, Flips, Erdnüsse und sonstige Knabberartikel in rauen Mengen.

Aßen Süßigkeiten aller Art. Fast-Food-Verzehr nonstop nicht zu vergessen.

Verweigerten selbstverständlich kalorienreduzierte Produkte. Aßen wenig bis nichts Gesundes. Im Gegenteil, vom gesunden Essen, zum Beispiel Gemüse, Obst, Hülsenfrüchte oder auch Selter oder Light-Brause, Light-Cola, bekämen sie Kopfschmerzen, Sodbrennen, Hautausschlag, Blähungen oder Ähnliches. Diese Aussage hatte mir gegenüber tatsächlich der eine oder andere übergewichtige, unsportliche Mitpatient getroffen.

Viele meiner Mitpatienten und Mitpatientinnen litten offensichtlich an einer Alzheimer-Bulimie, futterten den ganzen Tag die oben genannten ungesunden, kalorienreichen Verbrauchsgüter und vergaßen abends, diese wieder auszukotzen. Dies führte dann zwangsläufig dazu, dass sie ihr bestehendes Übergewicht behielten oder es noch reichlich vermehrten. Ihr Body-Mass-Index, kurz BMI, war wohl kaum noch errechenbar. Ferner hatten sie meiner Meinung nach den Sinn des Sports nicht verstanden. Es heißt im Volksmund zu Recht: *Fit durch Sport* und nicht: *Fett mangels Sport.*

Meiner Meinung nach waren diese erwähnten Mitpatienten eben so, wie die erblich bedingte Genetik sie schuf und ihr übermäßiges Essen sie formte.

Schade, denn nur durch eine entsprechende Einsicht, Umstellung der Ernährung, durch Sport oder ganz allgemeine tägliche Bewegung – als da zum Beispiel wären: Spazierengehen, Fahrradfahren oder statt der bequemen Benutzung des Fahrstuhls, um von Etage A nach Etage B zu fahren, die Treppen im Treppenhaus laufen könnten die vielen Michelin-Männchen, die dicken, furzenden Wombats –, dieser Vergleich sei gestattet – die reichlich überproportionierten Frauen und die drallen Kerle mit einem Ganzkörpertrizeps und einer Figur wie eine Spalttablette sich wieder vernünftig bewegen, ohne beim Gehen sofort in Schweiß auszubrechen. Sie könnten sich wieder bewegen, ohne dabei zu schnaufen und zu prusten wie gestrandete Walrösser.

Auch diejenigen, die sich ihr überschüssiges Fett hatten absaugen lassen, jedoch seit Jahren darauf warteten, dass die übrig gebliebenen „Schwellungen“ der Operation zurückgingen, all diese lieben Mitpatienten könnten wieder aktiv am Leben teilnehmen, wenn sie nur wollten. Anzunehmen war aus meiner Sicht, dass das liebste Möbelstück dieser Mitpatienten der Kühlschrank war. Selbstverständlich immer voll.

Ich dachte bei dem sich mir gebotenen Anblick seinerzeit: Bestimmt haben sie ein Foto von ihrem gut gefüllten, liebsten Möbelstück in ihrem Portemonnaie. Tragen diesen Schnappschuss immer ganz nah bei sich, um sich in *schlechten Zeiten* an diesem zu weiden. Um sich, wenn der große Hunger kommt, an dem Lichtbild sattsehen zu können. Auch lag bei mir die Vermutung nahe, dass diese Mitpatienten nicht in À-la-carte-Lokale essen gingen, sondern sich immer All-You-Can-Eat oder XXL-Lokale suchten. Die Ärmsten hätten in den À-la-carte-Lokalen gewiss einen großen Anteil ihres Monatsgehalts ausgeben müssen, um ihren großen Hunger stillen zu können und um letztlich, gut gefüllt, das Lokal satt zu verlassen.

Es gab nicht wenige, die offensichtlich Sport ohne Bewegung betrieben.

„Sport, ja, ja, ich gucke gerne Sport" oder:

„Ja, ich spiele Schach, ist doch auch Sport", hatte ich einige Mitpatienten sagen hören.

Diese getroffenen Aussagen wunderten mich nicht. Meine behäbigen Mitpatienten bewegten sich wie Pferde auf Rollschuhen.

Ich hatte mich schon zu Hause auf den sich in dem Rehazentrum befindlichen Fitnessklub gefreut. Im Internet hatte ich mich hinreichend über das komplette Sanatorium mit all seinen Nebengebäuden inklusive des Fitnessstudios informiert. Nicht nur das. Ich hatte mich sogar mental mit allen Übungen und deren Abfolge auseinandergesetzt. Daher war ich umso entsetzter, als ich von einigen Mitpatienten erfuhr, dass es wohl ein fast unmögliches Unterfangen sei, in dem von mir angepeilten Studio als Mitglied aufgenommen zu werden, wenn man sich zuvor als Patient im Wasserschlösschen eingecheckt hatte.

„Versuch ruhig dein Glück", sagte Thomas.

„Ich habe gehört, dass es vor dir schon einige vergebens versucht haben, aber vielleicht hast du, da du in dem Hotel untergebracht bist, mehr Glück und sie lassen dich im Studio trainieren. Ich wünsche dir viel Erfolg bei deinem Vorhaben!"

„Wer nicht wagt, der nicht gewinnt", antwortete ich ihm zuversichtlich und machte mich auf den Weg ins benachbarte Studio. Meine Neugier war geweckt. Natürlich wollte ich persönlich in Erfahrung bringen, was die Gerüchte, die im Wasserschlösschen zur lockeren Schraube umgingen, an Wahrheitsgehalt in sich trugen. Es war mein siebter Tag im Schlösschen. Ich machte mich, wie ich es Thomas zuvor kundtat, auf den Weg in das angrenzende Fitnessstudio. Dieses lag in der zweiten Etage eines Nachbargebäudes des Schlösschens. Aus den großen Panoramafenstern hatte man einen wunderschönen Blick über Bad Kleeblatt. Ich genoss den Ausblick und schaute verträumt auf die wunderschöne Seenlandschaft. Am Tresen wurde ich von einer attraktiven jungen Frau ausgebremst. Diese fragte mich nett und verbindlich:

„Na, was kann ich Ihnen Gutes tun?"

Ich antwortete: „Ich möchte gerne in Ihrem Klub trainieren. Wenn möglich nur für den laufenden Monat."

Die entgegenkommende junge Frau antwortete lächelnd:

„Gar kein Problem. Gerne. Ich möchte Sie jedoch bitten, die Trainingsgebühr in Höhe von einhundert Euro in bar zu bezahlen." *Ach, geht doch!*, dachte ich und zückte schon begeistert mein Portemonnaie, als die charmante junge Frau mich noch lächelnd fragte:

„Aber Sie sind schon zu Gast im Hotel und nicht als Patient untergebracht, oder?"

Ich war verwirrt. Verstand den Sinn der gerade an mich gerichteten Frage nicht. Offensichtlich hatte ich einen sekundenlangen Aussetzer in meinem Gehirn – anders kann ich mir meine wahrheitsgemäße Antwort nicht erklären.

„Ich bin als Patientin im Wasserschlösschen zur lockeren Schraube aufgenommen worden. Doch ich wohne in dem angrenzenden Hotel. In meiner Freizeit möchte ich nunmehr für die Zeit meines Aufenthalts jeden Tag Ihre Kurse, Ihre Geräte und die sonstigen Annehmlichkeiten *Ihres* Klubs nutzen."

Umgehend gefror das nette Lächeln der sympathischen jungen Frau. Sie gab mir verbindlich zur Antwort:

„Nein, wir können und wollen keine Gäste mehr bei uns aufnehmen, die als Patienten in dem Wasserschlösschen zur lockeren Schraube residieren. Es hat sehr zu unserem Bedauern in der Vergangenheit einige Vorkommnisse mit Patienten aus dem Wasserschlösschen zur lockeren Schraube in unserem Klub gegeben. Ich lehne aus dem von mir genannten Grund Ihre Aufnahme ab. Nehmen Sie meine Ablehnung bitte nicht persönlich."

Ich war tief bestürzt. Ihre Ablehnung sollte ich nicht persönlich nehmen? Die junge Frau war mäßig bemüht, ihre Entscheidung, keine Patienten des Schlösschens in diesem Klub trainieren zu lassen, fadenscheinig zu rechtfertigen. In diesem Fitnessklub wurden meiner Meinung nach die Patienten der angrenzenden Klinik hinter der Maske der Freundlichkeit diskriminiert. Ich war schockiert. Ich nahm die Ablehnung persönlich und fragte die nette junge Frau:

„Wer ist außer Ihnen noch Ansprechpartner in diesem Klub? Ihre Aussage verstehe ich nicht. Ich hätte dazu gerne eine für mich verständliche Erklärung. Ich möchte gerne Ihren Vorgesetzten sprechen."

Die charmante junge Frau antwortete:

„Es tut mir leid, dass Sie meine Antwort nicht als ausreichend empfinden. Außer mir ist jedoch niemand für die Aufnahme der Klubmitglieder zuständig. Wenn Ihnen meine Erklärung nicht ausreicht, steht es Ihnen selbstverständlich frei, zum Chefarzt der Klinik zu gehen."

„Danke", entgegnete ich der jungen Frau enttäuscht.

Die Aussage der jungen Frau ließ ich mir noch einmal durch den Kopf gehen.

Wo sie recht hat, hat sie recht. Danke für den guten Tipp, dachte ich mir.

Ich drehte mich auf dem Absatz um und ging aus der großen Glastür des Studios in Richtung Treppenhaus zum gegenüberliegenden Fahrstuhl. Auf dem Weg zum Fahrstuhl kamen mir zwei Männer entgegen. Der eine ein Personenbeschützertyp. Bei ihm sah man unsere Urform der menschlichen Entwicklung. Seine Körperhaltung, seine Gangart waren eindeutig die eines Primaten, eines Urmenschen. Dieser Mann war ein Fossil. Er erweckte in mir den Eindruck, ganz offensichtlich ein Überbleibsel der Stammesgeschichte der Menschheit zu sein. An ihm hätten anwesende Paläoanthropologen ihre Freude gehabt.

Der andere sah aus, als ob er gerade aus Japan eingeflogen worden wäre. Er hatte verdammt viel Ähnlichkeit mit einem Sumoringer. Ihr beide seid also gern gesehene Gäste in diesem renommierten Klub. *Ihr habt die Zustimmung zum Trainieren*, dachte ich wütend und stieg schnaubend in den bereits wartenden Fahrstuhl ein. Wenn ich die Frage, ob ich Patient oder Gast bin, doch nur mit einem: „Ja, ich bin hier zu Gast im Hotel", beantwortet hätte, haderte ich mit mir.

Aber bekanntlich haben Lügen kurze Beine! Die privaten Mitbetreiber des Fitnessklubs waren offensichtlich der Meinung, dass die Patienten des Wasserschlösschens zur lockeren Schraube an mentaler Retardierung litten. Wenige Minuten später stand ich – immer noch vor – Wut schnaubend in der Chefarztetage. Ich fühlte mich durch die Angestellte des Fitnessklubs diskriminiert. Mein Auftreten war in dieser wichtigen Etage durchaus angemessen.

Bin ich jetzt wirklich nur noch ein Mensch zweiter Klasse?

Wer bin ich denn?

Warum diskriminierten mich die Mitarbeiter des Fitnessstudios?

Bin ich, da ich in dem Schlösschen zur lockeren Schraube eingecheckt habe, wirklich gaga?

Verdrossen hing ich meinen düsteren Gedanken nach. Aufgrund der verweigerten Aufnahme im Fitnessklub wollte ich dem Chefarzt meinen riesengroßen Groll unverzüglich vortragen. Wortlos lief ich an dem Urzeitvorzimmerdrachen vorbei und schnurstracks auf das Zimmer des Chefarztes zu. Leider war der Urzeitvorzimmerdrache schneller als ich und bremste mich unsanft aus.

„Hallo, junge Frau, Sie können nicht einfach hereinkommen und in das Chefarztzimmer laufen", sagte der Drache.

Siehst du doch, dass ich das kann, dachte ich, erinnerte mich jedoch an meine gute Kinderstube und sagte:

„Gut, dann bleibe ich so lange vor seinem Zimmer sitzen, bis er Zeit für mich hat."

An der Wand zur Tür des Chefarztes waren vier schicke, gut gepolsterte Schwingerstühle nebeneinander angeordnet.

„Das kann aber dauern", sagte der Urzeitvorzimmerdrache. „Macht nichts", antwortete ich diesem und blieb stur auf meinem schwarz gepolsterten Designerstuhl sitzen. Anzumerken ist: Ich hatte schon bedeutend schlechter gesessen.

Circa zehn Minuten später konnte ich jedoch entgegen der erwarteten langen Wartezeit ins Chefarztzimmer vordringen und wurde sogar an der Eingangstür von dem Chefarzt persönlich erwartet. Wurde an der Pforte des Glücks tatsächlich von diesem wichtigen Arzt mit einem netten Handschlag in Empfang genommen. Nachdem ich in das schmucke Chefarztzimmer eingetreten war, nahm ich auf dem zugewiesenen Designersessel Platz. Ich sah mich um. Das Büro war sehr modern eingerichtet. Ganz mein Geschmack. Schnell kam ich zur Sache und berichtete ihm, immer noch aufgebracht, was in dem angrenzenden Fitnessstudio vorgefallen war. Ich wollte von ihm wissen, wie er zu den Aussagen der Mitarbeiterin aus dem Studio stand. Er beschwichtigte mich und sagte:

„Bedauerlicherweise ist es den Patienten des Wasserschlösschens aus versicherungstechnischen Gründen nicht möglich, in dem angrenzenden Fitnessklub das Sportprogramm aufzunehmen. Leider sind mir in diesem Fall die Hände gebunden. Ich kann auch bei Ihnen keine Ausnahme machen. Wir bieten Ihnen jedoch in unseren vielen laufenden Sportgruppen adäquate Kurse an."

Wenn er mir sagen würde, von welchen Angeboten in den laufenden Kursen wir hier sprechen, ging mir durch meinen Kopf, nachdem er seinen Monolog beendet hatte. Ich merkte – feinfühlig, wie ich war beziehungsweise immer noch bin –, dass ich an diesem Tag, in diesem Gespräch nichts mehr ausrichten konnte. Somit verließ ich, nachdem ich mich, wie es meine gute Kinderstube verlangte, zuvor freundlich verabschiedet hatte, deprimiert und mit hängendem Kopf das Chefarztzimmer.

Ja, ja, philosophierte ich beim Hinausgehen. *Der Mediziner hatte gut reden. Bei ihm wuchsen ja auch nicht die gefühlten Rettungsringe an den Hüften. Was hieß schon, sich mit den angebotenen Kursen anzufreunden, wenn sich für mich das Sportprogramm mangels Effektivität auf ein Minimum reduzierte?!*

Piep, piep, piep … wir haben uns alle lieb!

Ich hatte, wie schon eingangs kurz erwähnt, keine besondere Lust beziehungsweise es fiel mir schwer, an den Samstagen und Sonntagen den vorgegebenen Plan aufzunehmen. Klar, die Therapieanwendungen waren an den Wochenenden ausgesetzt, jedoch bereits um acht Uhr fünfzehn fing das Wochenende im Regelfall mit dem Frühstück im Speisesaal an. Endete bereits um achtzehn Uhr fünfundvierzig mit dem Abendbrot. Wiederum im zugewiesenen Speisesaal. Die obligatorisch vorgeschriebenen Zeiten waren auch an den Wochenenden fix. Ich konnte die zeitliche Festlegung zur Einnahme der Mahlzeiten zwar nachvollziehen, aber mit den festgelegten Zeitspannen konnte ich mich dennoch nicht anfreunden. Aus diesem Grund entzog ich mich an den regelfreien Wochenenden dem Diktat. Ich bin eben nicht zum Frühstück oder zu den anderen festgesetzten Mahlzeiten auf der Bildfläche erschienen. Was dann auch prompt an meinem zweiten Wochenende einen Anruf einer der Empfangsdamen des Wasserschlösschens zur lockeren Schraube auf meinem Zimmer nach sich zog.

Ich stand unter der Dusche, als ich das Klingeln meines Telefons wahrnahm. Ich nahm an, ich hätte mich verhört. Es war gegen halb sieben Uhr abends. Wer sollte mich um diese Uhrzeit anrufen? Mein Mann rief mich immer auf meinem Handy an. Ich duschte weiter. Das Klingeln wollte und wollte nicht enden. *Da ist aber jemand hartnäckig*, dachte ich ärgerlich. Warf mir meinen Bademantel über und rannte schnell zum Telefon. Ich nahm den Hörer in meine rechte Hand und nannte meinen Namen.

„Ach, schön, dass Sie doch rangehen. Ihre Tischnachbarn sorgen sich um Sie“, sagte eine nette weibliche Stimme auf der anderen Seite des Telefons.

„Ist Ihnen etwas passiert?“, wollte die nette Telefonstimme wissen.

„Die Damen und Herren, die bei mir an der Anmeldung stehen, möchten wissen, ob es Ihnen gut geht. Ist mit Ihnen alles in Ordnung? Sie sind heute den ganzen Tag nicht zum Essen gekommen.“

„Danke der Nachfrage. Mir geht es gut“, antwortete ich der freundlichen Telefonstimme.

„Mir fehlt nichts. Mir geht es wirklich gut! Ich möchte nur ein wenig für mich sein. Vielen Dank der Nachfrage“, wiederholte ich mich zur Unterstreichung meiner Aussage.

„Na, dann gebe ich diese gute Nachricht an Ihre Bekannten weiter. Ich wünsche Ihnen noch einen schönen Abend. Entschuldigen Sie bitte die Störung“, entgegnete mir die nette weibliche Stimme am anderen Ende der Leitung und legte den Hörer auf.

Mein Misstrauen war geweckt. Zu diesem Zeitpunkt schlug in der Heilstätte das Norovirus knallhart um sich. Die Klinikleitung hatte überall Infoblätter aufgehängt. Es wurden reichlich Flaschen mit Desinfektionsmittel zum Reinigen der *verseuchten* Hände aufgestellt. Nunmehr standen die Desinfektionsflaschen zur Benutzung überall in den öffentlichen Räumen des Wasserschlösschens, und zusätzlich konnten sich die Patienten kleine Flaschen auf Kosten der Klinikleitung in den Schwesternzimmern abholen. Jeder Patient hatte die Möglichkeit, sich auf Kosten des Hauses gegen das Virus zu schützen. Schlussfolgernd kam in mir der leise Verdacht auf, dass sich meine Tischnachbarn eher um sich selbst als um mich sorgten. Verkauft wurde mir das Prozedere natürlich ganz anders. Dass man sich umeinander sorgte, dass man in dem Wasserschlösschen zur lockeren Schraube aufeinander aufpasste.

Natürlich waren meine Tischnachbarn allesamt völlig selbstlos. Ja, ja, wer es glaubte ...

Erwähnen möchte ich noch, dass ich seitens meiner Tischnachbarn während der ganzen Zeit meines weiteren Aufenthalts nie mehr so viel Aufmerksamkeit geschenkt bekam wie an diesem besagten Wochenende.

Wie mir während der Zeit der Kontaminierung durch das Norovirus bei meinen morgendlichen und abendlichen Gängen in den Speisesaal auffiel, waren offensichtlich viele Patienten mit dem fiesen Krankheitserreger kontaminiert. Nachdenklich registrierte ich tagelang viele freie Stühle.

Nach dem *besorgten* Auftritt meiner Tischnachbarn meldete ich mich um des lieben Frieden willens in der folgenden Zeit immer artig und wohlerzogen an der Rezeption bei einer der freundlichen Damen ab, wenn ich an dem einen oder anderen Tag nicht mitessen wollte. Jedoch unter großem innerlichen Protest. Ich mag es gar nicht, den Erwartungshaltungen anderer gerecht werden zu müssen.

Ich fragte mich, warum die Klinikleitung es eigentlich zuließ, dass, obwohl bereits viele Patienten mit dem Virus infiziert waren, weiterhin viele Menschen aufgenommen wurden. Von Dienstag bis Donnerstag rollten neue Patienten an. Ich beantwortete mir die an mich selbst gestellte Frage allein. Natürlich allein, wer hätte mir meine Frage auch sonst beantworten sollen?

Lang lebe der schnöde Mammon! Tja, das liebe Geld ...

Geld stinkt eben nicht. Das große Schloss mit all seinen Ländereien und Nebengebäuden musste am Laufen gehalten werden.

Normale Menschen

Ehrlich, ich freute mich immer auf die Wochenenden. An den Wochenenden ging ich, wie schon erwähnt, gar nicht im Wasserschlösschen zur lockeren Schraube essen. An den Samstagen lud ich mich während des mehrwöchigen Aufenthalts in ein nahe gelegenes Dorfcafé ein. Bestellte mir ein großes Frühstück mit einer Kaffeeflatrate und las in aller Ruhe die örtliche Tageszeitung. Meistens verweilte ich gut und gerne eineinhalb Stunden in dem Dorfcafé. Hier wurde ich endlich nicht mehr gestört. In dem Café hatte ich beim Frühstücken meine geliebte Ruhe.

Regelmäßig flog mein Mann samstagmittags ein. Sodann konnte ich wieder am Pulsschlag des realen Lebens teilhaben. Konnte lachen und normale Gespräche führen. Konnte wieder den roten Saft in meinen Adern spüren und mich wohlfühlen.

An jedem Samstag meines Rehaaufenthalts fuhr mein Mann mit mir in die nahe gelegene Großstadt. Wir gingen bummeln, Schaufenster ansehen, shoppen. All die Dinge, die die meisten Frauen begeistert machen. Mein Mann war und ist immer noch ein exzellenter Modeberater. Er hat Geschmack, Geduld und eine große Portion Humor.

Aufgrund meiner sichtbaren Gewichtsabnahme erweckte ich offensichtlich großes Mitleid in ihm.

Mein Mann führte mich in all den Wochen immer wieder in ein schickes kleines Steakhaus am besten Platz der Stadt aus. In diesem konnte und sollte ich mich satt essen. Ich brachte es in dieser Zeit tatsächlich fertig, zwei Steaks à dreihundert Gramm zuzüglich Salat von der Salatbar zu essen. An ebendieser durfte ich mir dann so oft zu essen nachholen, wie ich wollte. Nicht selten waren die Männer und Frauen an den Nachbartischen des Steakhauses, in das wir immer wieder samstags einkehrten, überrascht über mein Essvermögen.

Tja, wer kann, der kann, philosophierte ich, als ich die vielen staunenden Blicke registrierte.

Der Gedanke an mein Zuhause war Balsam für meine erkrankte Seele!

An den Sonntagen verzichtete ich komplett auf mein Frühstück. Ich relaxte lieber bis mittags und stand entsprechend spät auf – erst gegen elf Uhr – sodann machte ich zu meiner Tageseinstimmung Morgengymnastik. Nach der erfolgreichen Absolvierung meiner sportlichen Tätigkeit kontrollierte ich meine eingegangenen E-Mails auf meinem Laptop und surfte auf diesem ein Weilchen im Internet. Ferner informierte ich mich über meine Community. Pflegte des Weiteren mein soziales Netzwerk, um dann geschniegelt und gebügelt meistens gegen vierzehn Uhr ins nahe gelegene Dorf aufzubrechen. In Bad Kleeblatt fand ich an manchen Sonntagen tatsächlich noch Spuren von Restleben. Ich aß in dem mir inzwischen lieb gewordenen Café oft ein schönes, großes Tortenstück mit viel Sahne. Natürlich durfte mein geliebter Kaffee, gerne zwei Kännchen des köstlichen Heißgetränks, nicht fehlen. Ich muss zugeben, ich bin ein Koffeinjunkie. In *meinem* Café schmeckte mir der frisch gebrühte Kaffee besonders gut. Als ich nachmittags von meinen Streifzügen zurück in mein Hotelzimmer kam, ging ich weiterhin meinen Hobbys nach. Ich nahm mir zum Beispiel ein gutes Buch zur Hand, hörte Musik, schaute mir einen Film im Fernsehen an, um die Sonntage sodann am Abend zum Beispiel mit Sushi und einem guten Glas Rotwein ausklingen zu lassen. Rrrrr … wie gut mir die verbotenen Früchte doch schmeckten!

Jedes abgehakte Wochenende brachte mich meinem Zuhause einen Schritt näher. Klar, auch mit seinen dort befindlichen

Problemen. Doch angesichts all der im Wasserschlösschen zur lockeren Schraube angesammelten Probleme und der ganzen Zudringlichkeiten seitens der Hardcorelesben, exzentrischen Schwulen, egozentrischen Transsexuellen, den nach Lustgewinn und Sinnengenuss strebenden Frauen und Männer konnte ich gar nicht schnell genug entkommen. Der Gedanke an das Nachhausegehen und die Vorfreude darauf fühlten sich irrsinnig gut an.

Mal wieder zwanzig sein …

Das Wochenende wurde schon zum Wochenanfang sehnlichst erwartet. Es enthielt für viele meiner Mitpatienten das absolute Highlight: die angrenzende Diskothek mit dem Ausschank des sonst verbotenen Alkohols. Wer in den Räumen der Klinik oder des Rehazentrums mit Alkohol oder im Bett des anderen Geschlechtes, ja, wahrscheinlich auch im Bett desselben Geschlechtes erwischt wurde, musste umgehend seine Koffer packen und durfte die Heimreise antreten. Dies hörte sich für den einen oder anderen Mitpatienten verlockend an, hatte aber einen erheblichen Nachteil. Die Kosten für den Kuraufenthalt mussten die Betreffenden sodann in voller Höhe selbst tragen. Dies wäre im Fall des *unfreiwilligen Verabschiedens* ein sehr kostspieliges Unterfangen gewesen. Ich hatte gehört, dass sich im Laufe der Aufenthaltszeit je nach Aufenthaltsdauer durchschnittlich zwölf bis vierzehntausend Euro ansammelten. Dies war meiner Meinung nach viel Geld dafür, dass man seine Triebe nicht steuern konnte oder wollte.

Bei einem Besuch in der angrenzenden Disco konnte sich das liebestolle Alphaweibchen das willige C-Männchen schöntrinken. Da sagte man dann *Ja* zur Erotik. Da gab es nicht wenige Anblicke, an denen sich das Auge erfreuen konnte. Die lüsternen Gespielinnen lächelten gewinnend, als wären sie das große Los in einer Lotterie. Da freute sich bei einigen Männern die Hypophyse. Da musste sich der Hypothalamus ganz schön bewegen und arbeitete auf dem Niveau eines Hochleistungssportlers, um die sich anstauenden Hormonbildungen in die entsprechenden Abteilungen zu steuern.

Viele der genannten Frauen hatten vorher gefühlte Tage in ihrem Badezimmer verbracht und sich so *angehübscht*, dass sie in mir den Eindruck erweckten, dass sie so aufgebrezelt, wie sie nun waren, gleich zur Bambi- oder Oscarverleihung aufbrechen wollten. In der Disco fanden sich die Tanzwütigen auf der Tanzfläche und die Trinkfesten an der Theke wieder. Wobei der Umfang der Tanzfläche meiner Meinung nach nicht mehr als zehn bis zwölf Quadratmeter groß gewesen sein mochte. Auf dieser kleinen Tanzfläche wurde es schnell schön kuschelig, und es knisterte nicht wenige Male schon beim ersten Tanz!

Die C-Männer hatten das stundenlange Badezimmerprogramm natürlich nicht nötig. Auch die im freien Leben angewandten Duftstoffe der großen Designer wurden nicht und wenn doch, dann nur spärlich benutzt. Die genannten Männer waren offensichtlich der Meinung, dass ihr ausströmendes Pheromon Duftstoff genug sei. Ganz offensichtlich vernebelten die in *meiner* Institution für psychosomatische Erkrankungen aufgenommenen Männer, die komplett auf fremde Designerdüfte verzichteten, den während meiner Reha anwesenden Frauen mit ihrem körpereigenem Duftstoff alle noch vorhandenen Sinne. Zu achtzig Prozent hatte diese von ihnen gewählte Taktik tatsächlich den gewünschten Effekt. Führte tatsächlich zu dem gewünschten Erfolg. Wer hätte das gedacht?! An diesem Ort schalteten die weiblichen Hirne reihenweise ab. Die Östrogene vieler Frauen schäumten über. Das sexuelle Verlangen dieser willigen Damen stieg ins Unermessliche. Ihre weiblichen Unterleiber schienen zu schreien: *Kerle, nehmt uns!*

Es war für mich lustig und zugleich befremdlich anzusehen, wie sich einige der Paarformationen nach der Einnahme von hochprozentigen Flüssigkeiten zum *Honk* machten. Diese wiesen nach dem Genuss des Alkohols erhebliche Defizite in den

Bewegungs- und offensichtlich auch in den Denkapparaten auf. Es war für mich auch zu erkennen, dass das Gesicht des ausgewählten Partners nach dem Toilettengang unter den genannten Voraussetzungen oft nicht mehr auf dem einen oder anderen Radar erschien. Die Ärmsten! Somit blieb den Ortungslosen nur noch übrig, ihren Lockruf auszustoßen. Es stellte sich für uns Außenstehende nicht selten die Frage: *Was nutzt dir der Name, wenn dir das Gesicht dazu nicht mehr einfällt?*

Die ganze Aktion war für Uneingeweihte und Nüchterne zwar befremdlich, jedoch so skurril, dass es fast lustig anzusehen und anzuhören war. Von den C-Männern wurde wirklich alles Weibliche, manchmal auch Männliche angebaggert, was es nicht schaffte, bei drei auf den Bäumen zu sein. Bei den anderen, die es schafften, kletterten sie hinterher. Die circa eineinhalb bis zwei Millionen Jahre zurückliegende Evolutionsgeschichte unserer Gattung hatte diese Männer offensichtlich stark geprägt. Eine Million Spermien standen ihnen pro Tag zur Verfügung. Uns Frauen nur eine Eizelle im Monat. Somit konnten die Männer viel ungehemmter mit ihrem Erbgut umgehen. Da war es offensichtlich egal, wen man anpoppte. Hauptsache Frau, manchmal auch Mann, also Hauptsache, es zappelte und war warm.

Generell war auf meiner Gesundheitsfarm tatsächlich zu merken, dass Treue altmodisch zu sein schien. Es war ganz offensichtlich ein Relikt aus alten, vergangenen Zeiten. Es lag in der Luft: Der Mensch war nicht zur Monogamie geboren.

Ich sah mit meinen eigenen Augen: Wenn die Hoden der Männer juckten, gab es bei ihnen kein Halten mehr. Lustig war, dass dann und wann bei dem einen oder anderen das visuelle Wahrnehmungsvermögen aussetzte. Aus den jeweils zwölf Bildern pro Sekunde, die wir Menschen erfassen müssen, um die Wirklichkeit in Bildern ohne Störung wahrzunehmen, wurde unter dem starken Einfluss von diversen alkoholischen Getränken jedes dritte Bild fein herausgefiltert.

Gesprächsfetzen wollten sich bei den armen Kerlen nicht mehr selbsttätig zusammenfügen, da wohl ihre Tonspur komprimiert wurde. Der Genuss des Alkohols, der Verlust der visuellen Wahrnehmung wie auch der Verlust der eigenen Muttersprache erforderte konzentriertes Nachbearbeiten.

Formationen, die im wahren Leben undenkbar gewesen wären, fanden sich im Wasserschlösschen zur lockeren Schraube zusammen und verweilten für die Zeit des Aufenthalts … vielleicht.

Als ich mich an einem Samstagabend von einigen Bekannten dazu überreden ließ, mit ihnen in den Tanztempel zu gehen, wurde ich kurz nach dem Eintritt von einem C-Kandidaten taxiert und sofort mit folgendem Spruch angelabert:

„Na, ganz schön viel los hier."

„Ja", antwortete ich ihm. „Dann geh doch, dann ist es schon leerer!"

„Uff, was ist es laut hier!", brüllte mir ein anderes offensichtlich notgeiles kleines Männchen in mein Ohr.

„Hm", entgegnete ich diesem. „Brüll mich nicht an und halte doch einfach den Mund. Dann wird es schon leiser."

Meine Bekannten hatten mich im Regen stehen lassen und waren kichernd weitergegangen, um uns einen Tisch zu suchen. Ihre Suche war von Erfolg gekrönt. Ich sah sie aus dem Augenwinkel an einem freien Tisch am Rand der Tanzfläche Platz nehmen.

Ich ließ den Baggerfürsten stehen und ging zu dem Tisch am Rand der Tanzfläche, an dem meine Bekannten fröhlich kichernd und gut gelaunt saßen. Genervt setzte ich mich zu ihnen. Bei der vorbeikommenden Kellnerin bestellte ich mir ein Glas trockenen Rotwein mit der festen Absicht, mich zu betrinken. Dieses in diesem Etablissement angetroffene Elend ließ sich meiner Meinung nach nur im Delirium ertragen.

Kaum hatte ich meine Bestellung bei der umsatzorientierten Kellnerin aufgegeben, kam auch schon der nächste Baggerfürst ganz lässig auf unseren Tisch zugeschlendert. Bei den schlechten Lichtverhältnissen konnte ich ihn nicht zweifelsfrei als C-Kandidat in meine imaginäre Schublade einordnen. Ganz lässig nahm Mister Cool über den Tisch hinweg kopfnickend Blickkontakt zu mir auf und sagte zu mir mit einem breiten Siegerlächeln:

„So etwas wie dich sieht man hier ja auch nicht alle Tage. Schönheit, stört es dich, wenn ich rauche?"

„Nein, gar nicht", entgegnete ich ihm lachend. „Nicht einmal wenn du brennst."

Meine Mädels sahen mich entgeistert an und prusteten laut los.

„Na, Bärbel, du bist mir ja eine", sagte Nicole, eine meiner Bekannten am Tisch. Das hätte man bestimmt auch netter sagen können. Der arme Kerl! Für den ist der Abend nun doch bestimmt gelaufen."

„Meinst du wirklich?", fragte ich sie.

Nicole sollte sich täuschen. Ebendieser Mann hatte doch tatsächlich einige Zeit später das große Glück, dass eine seiner derben Sprüche zum Erfolg führte. Eine große Blonde ging ihm ins Netz.

Die Kontaktaufnahmen oder, wenn man es so nennen will, die Verabredungen für diese *stark beeindruckenden* Discoabende fanden bei den Nichtrauchern meistens in den Fahrstühlen, bei den Kulturellen, den Intellektuellen, den Stuhlkreisrednern, die auch gerne Oxford-Deutsch sprachen, in den Leseräumen oder bei Filmvorführungen oder auch auf den Entertainmentabenden, bei den militanten Rauchern in den jeweiligen Raucherformationen oder auch in den hierfür vorgesehenen Rauchersammelstellen statt.

Eine Ausdrucksform der Verabredung, die ich erlebte, war: „Na, Bock, heute Abend mit mir in die Disco zu gehen? Ein bisschen tanzen und was trinken. Das Ende können wir uns ja offen lassen …“, sprach mich der Interessent völlig siegessicher an.

Was für unglaubliche Aussichten!, ging es mir nach seiner frechen Anmache durch den Kopf.

Selbst wenn ich tot wäre, würde ich mich nicht von dir anfassen lassen wollen. Eher würde ich Zuckerwatte mit Erdbeergeschmack aus meinem Hintern pusten, als mit dir etwas anzufangen, dachte ich mir.

Entgeistert wurde ich von meinem Gegenüber angesehen, als ich seine *ach so lieb gemeinte, großherzige Einladung* mit folgenden liebreizenden Worten dankend ausschlug:

„Nein, sorry, ich möchte mit dir nicht in die Disco gehen, auch werde ich mit Sicherheit alleine in meinem Bett schlafen. Du musst dir wohl oder übel ein anderes Kuschelmonster suchen.“

Der Mann schien völlig vor den Kopf geschlagen. Wie konnte ich seine herzliche Einladung ablehnen?

Der Antragsteller war nur mildtätig und wollte einer einsamen Dame lediglich den Abend versüßen.

Nach der Abweisung seiner Einladung wurde ich für eine lange Zeit meines Aufenthalts mit einer vernichtenden Verachtung seinerseits bestraft. Dies sollte eine Art Erziehung sein. Sollte mich für spätere Rendezvous gefügig machen. Wie konnte ich einem so *geilen* Mann nicht zu Füßen liegen?

Ich war jedoch befreit. War befreit von seinen blöden Sprüchen und seinem primitiven Annäherungsversuch. Ich war erleichtert. Auch sah ich mich, genährt durch meine bisherigen Erlebnisse, in meinen Vorurteilen bezüglich des „Putenrennens“ während der Kur beziehungsweise des Rehaaufenthalts zu einhundert Prozent bestätigt. Wie gesagt: Achtzig Prozent der Testosteronbomben hatten mit ihren kessen, oft niveaulosen Sprüchen, den Grabbeleien, Fummeleien und Tätscheleien tatsächlich Erfolg bei den von ihnen auserkorenen Frauen oder Männern in dem Wasserschlösschen zur lockeren Schraube. Für mich unglaublich, aber wahr.

In der Einrichtung für psychosomatisch Erkrankte hatte man meiner Meinung nach wirklich der geschmacklichen und mentalen Verwahrlosung Tür und Tor geöffnet.

Sport für Anfänger und Fortgeschrittene

Am eigenen Leib durfte ich immer wieder feststellen, dass der Sport in dem Wasserschlösschen zur lockeren Schraube ganz oben angesiedelt war. Die Sportgruppen waren in Wattformationen zusammengesetzt. Fünfundzwanzigwatt-, Fünfzigwatt-, Fünfundsiebzigwattgruppen wurden gebildet. Alter Schwede, da kam schon einiges zusammen! Mir war anfangs schleierhaft, was Watt als Berechnung meiner Sportlichkeit bedeutete. Ich ließ mich aufklären. Einer meiner Sporttherapeuten sagte mir, dass es sich bei der Berechnung des Watts um eine gewichtsbezogene, mechanische Umsetzung der eingebrachten Körperleistung handelt.

Zurück zu den Gruppen. In den Fünfundsiebzigwattgruppen waren die Tollsten, die Geilsten. Ein jeder in diesem Team buhlte um die Gunst des anderen. Egal bei welcher Disziplin. Egal ob Mann oder Frau, jeder wollte der oder die Beste sein. Jeder zeigte der Konkurrenz, was er oder sie wie gut und wie lange konnte. Schon gemütlicher ging es in den Fünfzigwattgruppen zu. In dieser Gruppe war das Konkurrenzdenken bezüglich der Leistungsfähigkeit nicht ganz so hoch. Natürlich noch gemächlicher und vom Altersdurchschnitt auch deutlich höher angesiedelt waren die nunmehr verbleibenden Fünfundzwanzigwattgruppen. In diesen Gruppen wurde zumeist die Generation 70 plus eingegliedert. Man sah in diesen Gruppen deutlich einen repräsentativen Schnitt des demografischen Wandels in Deutschland. Die besagten Fünfundzwanzigwattgruppen machten den Eindruck des betreuten Aussterbens. In diesen Gruppen wurde den absoluten Bewegungslegasthenikern der Vorzug gegeben. In dieser Gemeinschaft hatten die Apotheken Hochkonjunktur. Einige der teilnehmenden Mitpatienten hatten sich augenscheinlich neue Turnschuhe – ach, was sage ich – hatten sich extra komplett neue Sportklamotten für den im Hause angebotenen Sport gekauft. Das Geld hätten sie sich locker sparen können. Es war meiner Meinung nach eine unnötige Geldausgabe. So viel, wie sich die behäbigen, betagten Greise bewegten, hätten sie auch Holzbotten mit kleinen Glöckchen und eine alte Jogginghose von zu Hause tragen können.

Mein Fazit der angebotenen Bewegungsgruppen war: Es wäre schön gewesen, wenn man die Patientensportgruppen nicht in Wattensembles unterteilt hätte, sondern den Menschen als Ganzheit in die jeweiligen Crews eingegliedert hätte, auch wenn man dann mehr auf die Bedürfnisse der oder des Einzelnen hätte eingehen müssen. Ein wenig mehr Individualität wäre bestimmt sehr schön gewesen, und es hätte wahrscheinlich an der einen oder anderen Stelle das Gemeinschaftsgefühl, das *WIR* innerhalb der Gruppe gestärkt. Nicht alle Ü70er waren unsportlich, und nicht alle Ü20er waren sportlich und fit.

Einige *Spitzensportler* hatten durch den übermäßigen Genuss sogenannter *falscher* Nahrung und Getränke Übergewicht. Somit waren diese *Spitzensportler* aufgrund mangelnder oder gar fehlender Kondition nach einigen wenigen Minuten am Limit ihrer Leistungsfähigkeit.

Durch die teils beleidigenden oder bestenfalls aufmunternden Sprüche und gut gemeinten Anregungen der Sporttherapeuten und Mitsportler fühlten sich bestimmt viele Mitpatienten aus den verschiedenen Sportstufen verletzt und waren bei der Reflexion ihrer Spiegelung erschrocken. Nicht wenige werden sich, als sie sich vor den Spiegel stellten, gedacht haben: *Huch, wo kommt denn das plötzliche Übergewicht her? Kann ja gar nicht sein, jedoch bei viel Sport habe ich in gut und gerne zehn bis fünfzehn Jahren mein Normalgewicht erreicht ... Von nichts kommt nichts!*

Als ich in der für mich vorgesehenen Bauch-Beine-Po-Gruppe angekommen war, tränten mir nach der Inspizierung des uns zur Verfügung gestellten Hantelgewichts zur Unterstützung unserer einzelnen Übungsabläufe sinnbildlich die Augen. Maximal Zweikilogrammhanteln stellte man uns zur Verfügung. Hatte die Klinikleitung Angst, dass Hanteln mit höherem Gewicht zweckentfremdet werden könnten? Aufgrund dieses geringen Gewichts wunderte ich mich beim Registrieren der Teilnehmer nicht schlecht über den exorbitant großen Männeranteil innerhalb dieser Gruppe. Nein, ich war mehr als verwundert. Ich war überrascht. In der Welt draußen, außerhalb des Wasserschlösschens zur lockeren Schraube, war die Sportsparte Bauch-Beine-Po eher von der Männerwelt verpönt, ebenfalls eine Hantelgewichtsgruppe von maximal zwei Kilogramm, verpackt in Plastikhanteln fand in der Sportwelt der Männer außerhalb des Wasserschlösschens zur lockeren Schraube meines Erachtens wenig bis keinen Anklang. Aber im Wasserschlösschen zur lockeren Schraube erfuhr explizit diese Gruppe eine riesige Zuwanderung der C-Männer. In dieser trainierten die Männer in den besten Jahren. Trainierten die Loser mit leichter Matschbirne und die bekennenden Pferdeschwanzträger. In diesen Gruppen waren auch immer wieder die Männer anzutreffen, die aussahen wie eine Schwangere kurz vor ihrer Niederkunft.

Diesen hätte ich gerne angeboten, mit ihnen ein Spiel zu spielen, das ich als Kind sehr gerne gespielt habe: *Ich sehe was, was du nicht siehst.* Meine gute Kinderstube hielt mich letztlich von meinem nicht unumstrittenen Vorhaben ab.

Auch den Türstehertyp hatte ich in der Bauch-Beine-Po-Gruppe trainieren sehen. Explizit dieser Männertyp zeichnet sich durch seinen fehlenden Hals, seine fehlenden Haare und leider auch oft genug das fehlende Gehirn aus. In der Institution für psychosomatisch Erkrankte wurde ganz real jedes Klischee ausreichend bedient.

An einem Tag in *meinem* Bauch-Beine-Po-Kurs konnte ich gar nicht glauben, was ich sah. Die Situation war so surreal …

„Mensch!“, sagte ich zu Renate. „Hast du schon einmal zur Wand gesehen?“

Renate schaute in die von mir gedeutete Richtung. An dieser klebten nebeneinander neun Männer unterschiedlichen Alters, die alle eines gemeinsam hatten: Alle hatten wahrlich unförmige, dicke Körper. Ihre Füße hatten diese Männer gegen die Wand gestemmt. Ihre dicken Hintern lagen auf einer blauen Turnmatte. Unsere männlichen Mitpatienten führten angestrengt und höchst konzentriert, mit hochroten Köpfen, Dehnungsübungen aus. Jedenfalls versuchten sie es.

„Ja“, antwortete Renate. Lauthals mussten wir beide lachen. Die Männer erinnerten mich, so wie sie sich uns präsentierten, unweigerlich an einen Schwarm dicker, vollgefressener Marienkäfer, die auf ihrem Rücken lagen und mit den Beinchen strampelten. Die kurzen, dicken Beine und Füße der Männer wackelten in der Luft beziehungsweise klebten an der Wand. Was für eine Augenweide! Was für ein visueller Hochgenuss!

Renate, die anderen Mitpatientinnen und ich ließen die ungelenkigen dicken Mannsbilder in dem Glauben, sie wären die Alphawölfe in unserem Rudel. Einige der Frauen lächelten den armen Männern dann und wann süffisant zu und heizten niederträchtig das eine oder andere Kuriosum noch an. Wie gemein von ihnen!

In unserer Gruppe gab es immer wieder den einen oder anderen Augenschmaus. Es hatten sich so einige Männer und Frauen ihr angefuttertes Winterpolster aus den Jahren 1980 bis 2012 noch nicht abtrainiert.

Visuellen Nachschub gab es für Renate und mich zweimal wöchentlich.

Die besagten Männer und Frauen hatten zum Glück nichts von unseren Lästerschwesterattacken bemerkt.

In der Gruppe der Fünfundzwanzigwatttätigen waren nicht wenige Männer aus dem Neandertal vertreten. Diese Männer hatten immer noch nicht verstanden, dass reichlich Körperfett und das (wenn auch selbstbewusste) Zurschaustellen von Bauchspeck nicht dem allgemeinen Schönheitsideal des einundzwanzigsten Jahrhunderts entsprach.

Einigen elitären Mitpatienten fielen die Kopfhaare aus, was definitiv nicht unästhetisch ist, ganz im Gegenteil! Jedoch fielen dem von mir erwähnten Personenkreis die Haare aus und wuchsen auf dem Nacken, den Oberarmen, den Schultern und dem Rücken ungehindert weiter.

Liebe Männer, das männliche Schönheitsideal vieler Frauen des einundzwanzigsten Jahrhunderts ist in der Zeitschrift Men's Health zu finden. Auch verkaufen viele Geschäfte, zum Beispiel Drogerieketten, Parfümerien, Warenhäuser und Elektrogeschäfte, entsprechendes Equipment zur Körperpflege und zur Körperhaarentfernung. Als da zum Beispiel wären: Rasierer, Epilierer, Wachsstreifen, Deos, Duftwässerchen. Dieses nur für euch, liebe Neandertalmänner, als Tipp! Gepflegte Männer mag die Frau von heute. Jedenfalls haben viele Frauen des zwanzigsten und einundzwanzigsten Jahrhunderts dieses Schönheitsideal auf ihrem Schirm. Auf ihrem Radar. Auf jeden Fall in der wirklichen, in der realen Welt, ging es mir beim Anblick und beim zum Teil ziemlich scharfen Geruch, der mir dann und wann in den Räumen des riesigen Klinikanwesens in die Nase stieg, durch den Kopf.

Völlig resistent gegen die Blicke der Menschen von außen, blieben sich jedoch die geistig Beschränkten und die Neandertalmänner selbst treu.

Eine nicht weniger interessante Gattung waren die männlichen Zöpfchenträger. Männer, die eine beginnende, oft auch schon eine fortgeschrittene Glatze aufwiesen. Um jugendlicher zu wirken, banden diese sich ihre restlich verbliebenen Haare, mehr oder weniger lang, zu einem dünnen Zöpfchen zusammen. Ein hilfloser Versuch, der schwindenden Haarpracht noch einen gewissen Coolnessfaktor zu verpassen.

Dann waren da noch die Michelin-Weibchen und -Männchen, die Ökotussen und die gestrandeten Walrösser. Diese waren mit ihrem oft anspruchslosen, gewöhnungsbedürftigen Äußeren komplett im Reinen und sahen daher auch keinen Grund für eine Typveränderung. Die genannten Männer und Frauen gaben in den Gruppengesprächen gerne zum Besten, dass sie nicht verstehen konnten, dass …

A: ihre Beziehungen im Sand verlaufen waren oder

B: sie keinen adäquaten Partner finden konnten.

Eines sei gesagt: Ansprüche bei der Partnerwahl waren durchaus vorhanden. Hinzu kam, dass die eingeschränkt Befähigten zum Teil eine so unglaubliche Körperbehaarung hatten, dass ich ihnen gerne gesagt hätte:

„Kämmt euch euer Haar und setzt es euch auf den Kopf."

Jedoch wollten all diese Menschen so bleiben, wie sie waren. Was an sich auch komplett in Ordnung ist … aber dennoch keimte in mir nachfolgender Gedanke zu diesem Thema auf: *Aus diesem Grund klappt es auch in der Außenwelt nicht mit dem Nachbarn.*

Wie oft hatte ich bei diesen Mitpatienten mitbekommen, wie sie sich gegenüber ihrer Umwelt präsentierten und sich beschwerten, dass sie falsch wahrgenommen wurden. Die Selbstwahrnehmung meiner Mitpatienten konnte ich nicht verstehen. Hatten denn diese psychisch Erkrankten keinen Spiegel? Sicherlich sollten Äußerlichkeiten keine Rolle spielen ... doch, Hand aufs Herz, welche weitere Wahrnehmung hat man beim ersten Kennenlernen?

Für den ersten Eindruck gibt es keine zweite Chance!

Interessant war noch ein anderes Ensemble, dem auch ich angehörte ... die Gruppe der Kardioradfahrer. Diese Sportgruppe fand sich täglich in einem extra dafür ausgelegten Kardioraum ein. Einige Patienten aus der Gruppe waren herzkrank. Diese wurden aus sicherheitstechnischen Gründen sowohl für sich als auch für das Schlösschenmanagement an ein EKG-Gerät angeschlossen. Die widerspenstig Gezähmten wurden während der ganzen Zeit des Fahrens überwacht. Bei den Touringrunden auf dem Trimmrad zeigte der eine oder andere Mann gerne, was Mann hat. Einige der hier anwesenden Männer rollten gnadenlos ihre T-Shirts in Richtung Hals, um den anwesenden Damen das ihrem Idealbild entsprechende Körperbild eiskalt zu präsentieren.

Oh!, dachte ich mir bei diesem Anblick. *Heute ist nun wirklich kein schöner Tag, um zu sterben. Hat denn diese Spezies überhaupt kein Schamgefühl? Keinen Anstand? Schön ist wirklich etwas anderes*, dachte ich weiter.

Wir in die Pedale tretenden Frauen waren gefangen in einer Horrorshow. Uns anwesenden Damen der Schöpfung streckten sich an dem einen oder anderen Tag acht dicke, zum Teil behaarte, pelzige Bäuche entgegen. Ohne Rücksicht auf unsere Gefühle zeigten diese Herren der Schöpfung gerne, was sie zu haben glaubten: *Sex-Appeal.* Bilder, fort aus meinem Kopf!

Leider hatten diese Männer nicht verstanden, dass sie schon im einundzwanzigsten Jahrhundert angekommen waren und dass ihre aufgeblähten, dickleibigen, drallen Körper hinderlich bei der Auswahl der Frauen zur Paarungsbildung waren. Es wurde Fleisch zur Schau gestellt, was Frau sonst nur beim Discounter an der Fleischtheke in der Auslage sehen möchte: Bauchspeck, Bauchspeck, Bauchspeck.

Nach einer meiner diversen Sportstunden bemerkte ich, dass sich die Schuhbänder meiner Sportschuhe geöffnet hatten. Ich setzte mich auf die in dem Trainingsraum befindliche Sportbank und dachte mir beim Zubinden meiner Schnürsenkel mit einem Blick in die Runde: Das Michelin-Männchen ist eben nur in der Werbung wirklich witzig und die Qualle nur im Wasser wirklich beweglich. Viel Fett heißt eben im einundzwanzigsten Jahrhundert nicht, dass der dicke Mann mit einem guten Versorger gleichzusetzen ist, sondern signalisiert vielen Frauen genau das Gegenteil. Sorry, liebe Männer! Fett ist nicht gleichzusetzen mit schön, auch nicht mit erfolgreich und erst recht nicht mit einer guten Wahl! Ihr kommt eben einige Jahrtausende zu spät. Im Hier und Heute hat auch die Frau jenseits der vierzig durchaus noch das Recht, Ansprüche bei der Partnerwahl zu stellen. Selbstverständlich möchte ich dies nicht pauschalisieren. Auf jeden Topf passt selbstverständlich ein Deckel. Jedoch gibt es außer der Traum-, der Trümmer-, der Wasch-, der Haus-, der Reinigungs- und der Zeitungsfrau eben auch noch die emanzipierte, die gebildete, die nicht angepasste, die selbstständige, die fordernde Frau. Fraglich ist natürlich, ob diese im Wasserschlösschen zur lockeren Schraube von diesen jahrhunderte-, gar jahrtausendelang erkämpften Attributen auch Gebrauch machen möchte. Ich stand gedankenversunken von der Sportbank auf und schlenderte aus dem Sportraum, um Renate zu suchen.

Prinzen und Prinzessinnen …

Meiner Meinung nach verweilten in dem Gemäuer neben einigen skurrilen Frauen auch äußerst bedauernswerte Männer.

Männer, die in mir den Eindruck erweckten, in ihrem bisherigen Leben völlig zu kurz gekommen zu sein. Leider waren die besagten Männer nicht nur bei der Vergabe der Körpergröße nicht berücksichtigt worden. Sie kamen sehr schmal und unscheinbar daher und schienen zur Belustigung vieler weiterer Mitpatienten auch lediglich den Zugriff auf zwei Gehirnzellen zu haben. Wobei die beiden Zellen, für jedermann ersichtlich, nichts voneinander wussten.

Bei manchen Mitpatienten hatten meine Bekannte Renate und ich tatsächlich den Eindruck, es handelt sich um lebensgroße, aufblasbare Fetischplastikpuppen mit circa zweihundertfünfzig Liter Fassungsvermögen. Das Ablaufventil hinten mittig. Amüsiert durften wir bei dem einen oder anderen unserer männlichen Mitpatienten feststellen, dass selbst die dickste Kerze irgendwo einen Docht hatte … und der wollte ganz offensichtlich angezündet werden.

Das, was ich während meines Rehaaufenthalts jeden Tag zu Gesicht bekam, sorgte offensichtlich für einige Fehlübertragungen in meinen Synapsen. Anders konnte ich mir meine nach einigen Wochen Aufenthalt an Renate gerichteten Sätze während unserer Wartezeit vor einem Gruppenraum nicht erklären:

„Ich sehne mich nach einem netten, normalen Mann. Zum Beispiel einem Mann vom Typ: groß, dunkelhaarig, breitschultrig, muskulös, sportlich, wohlriechend, intelligent, aufmerksam, einfühlsam, humorvoll und charmant. Dieser Männertyp entspricht ganz meinem Geschmack. Auf einer Skala von eins bis zehn ist dieser Typ Mann ganz klar auf der Zehn! Ich bin zwar schon älter und verheiratet, aber nicht blind."

Weiterhin sprudeltees aus mir heraus:

„Man wird ja wohl noch einmal träumen dürfen. Das Auge isst bekanntlich mit. Ich bin verheiratet, aber nicht tot!"

Wie Schuppen fiel es mir von den Augen. Blitzartig wurde mir bewusst: *Mädel, du bist glasklar mit den vorgefundenen Situationen und Gegebenheiten während deines Rehaaufenthalts überfordert.*

Zum Glück hatte ich keine weitere Gelegenheit mehr, über mein Geschwafel nachzudenken. Die Gruppe, die vor uns den Raum belegt hatte, stürmte uns entgegen.

Renate lachte laut auf. Tröstend klopfte sie mir auf die Schulter. „Alles wird gut", sagte sie zwinkernd. Zum Glück nahm sie mein Geschwafel nicht ernst. Gemeinsam betraten wir gut gelaunt den nun freien Gruppenraum.

Jeder ist seines Glückes Schmied!

Renate und ich genossen die ersten Sonnenstrahlen auf einer freien Bank vor dem Wasserschlösschen zur lockeren Schraube und betrachteten wieder einmal mit offenen, wachen Augen unsere Umgebung, unsere verehrten Mitpatienten.

„Wenn diese Individuen mal wieder Freude am Leben haben wollen, müssen sie meiner Meinung nach mit notwendigen Veränderungen in ihrem Verhaltensmuster beginnen und zusätzlich einen gravierenden Wandel in ihrem äußeren Erscheinungsbild vornehmen", stellte Renate nüchtern fest.

„Eventuell brauchen sie ja dann all die vielen Medikamente und ständigen Aufenthalte in den verschiedensten psychosomatischen Einrichtungen nicht mehr und haben sogar in der realen Welt wieder richtig Spaß am Leben!" Renate reckte ihr Gesicht den Sonnenstrahlen des schönen Frühlingstags entgegen. Die von ihr erwähnten Mitpatienten sorgten dafür, dass jeder, tatsächlich jeder ohne Ausnahme, von ihrem Leid erfuhr. Egal ob der oder die Betreffende es hören wollte oder nicht. Es wurde gnadenlos gejammert, was das Zeug hielt. Unsere Mitpatienten mochten es gar nicht, wenn das *tragische Ausmaß* ihres Leidensweges heruntergespielt oder relativiert wurde. Was in diesen Energievampiren aber ein absolutes Hardcorefeeling hervorrief, war, wenn andere ihre Leiden, ihre Aussagen infrage stellten.

„Die sollen doch bloß aufhören, wenn es ihnen nicht gut geht, jeden, aber wirklich auch jeden, an ihrem Leid teilhaben zu lassen. Diese kranken Kraken", bemerkte Renate leicht gereizt.

Sie stand mit den Worten: „Bis später" von der Bank auf, auf der wir beide gesessen hatten. Gemächlich schritt sie erhobenen Hauptes auf den Eingang des Sanatoriums zu. Sie wollte sich ein wenig in ihrem Zimmer erholen, hatte sie mir beim Aufstehen noch zugeraunt. Renate wollte Abstand gewinnen und ihre Seele baumeln lassen. Vielleicht hatte sie auch nur einen Moralischen. Diesen hatten wir im Wasserschlösschen zur lockeren Schraube alle von Zeit zu Zeit. Daher nahm ich ihr ihren plötzlichen Aufbruch nicht übel.

Etwas ganz anderes gab mir allerdings schwer zu denken, und zwar, als ich eine Frau sah, von der ich wusste, dass sie nur noch sporadisch den Weg nach Hause antrat. Es wurde sich in den heiligen Hallen erzählt, dass sie schon das achte Mal innerhalb einer kurzen Zeitspanne im Wasserschlösschen Einzug gehalten hatte. Es soll in unserem *Irrenhaus* tatsächlich Männer und Frauen gegeben haben, die in der realen Welt nicht mehr zurechtkamen und Einrichtungen wie das Wasserschlösschen zur lockeren Schraube ihrem realen Leben vorzogen. Wenn diese Aussagen wirklich zutrafen, wie resigniert mussten diese Mitpatienten sein?

Pitsch, patsch

Ich weiß, dass Schönheit im Auge des Betrachters liegt. Daher verstand ich auch die Attitüden einiger meiner lieben Mitpatientinnen, genau genommen deren Reaktionen bezüglich unseres gemeinsamen Besuches in dem Bewegungsbad nicht. Sollte dies etwa bedeuten, dass die lieben Mitpatienten nicht ganz so mit sich im Reinen waren, wie sie es doch immer wieder und bei jedem Anlass betonten? Bei unserem gemeinsamen Besuch hatten sie es sich nicht nehmen lassen, mich ungefragt mit ihren eingeschränkten geistigen Ergüssen wie:

„Mensch, Mädchen, du siehst ja aus wie ein Hungerhaken" oder:

„Nur Vollblutweiber sind richtige Weiber",

„Männer sind keine Hunde und mögen daher auch keine Knochen" zu überschütten.

Nur sie – nennen wir sie einmal liebevoll – *Rubensfrauen* (gestrandete Walrösser wäre jedoch treffender gewesen) – wären die einzig sinnlichen Frauen. Aufgrund des *freundlichen Empfangs* und der *ausgiebigen Analyse* der Xanthippen hatte ich es im Bewegungsbad nur einige wenige Minuten ausgehalten. Ich war mit der Situation mal wieder komplett überfordert und wollte die Stätte des Grauens nur noch so schnell wie möglich verlassen. Wollte mich nicht noch weiter den messerscharfen Blicken und dem dazugehörigen Wortschwall dieser *Vollblutweiber* aussetzen.

Ich weiß es noch wie heute, wie ich mich über deren Redefluss und Gemeinheiten geärgert habe. Wie sehr mich sowohl ihre Worte als auch ihre abschätzenden Blicke verletzt haben, als ich mich nach dem Bad im Bewegungsbad blitzschnell wieder anzog.

Wo war denn ihre viel gepriesene Toleranz? Diese Frauen wollten doch auch so akzeptiert werden, wie sie waren. Warum und mit welchem Recht richteten sie dann über mich oder auch generell über Frauen, die dem Ideal- oder Normalgewicht entsprechen?

In dem Wasserschlösschen zur lockeren Schraube schien eben wirklich alles etwas anders zu sein. Ich weiß noch, dass ich mich wie Alice im Wunderland fühlte. Alles war irgendwie schräg. Eben alles so ganz anders als in der realen Welt, im realen Leben. Allerdings muss ich zugeben, dass das von mir bis zu diesem Vorfall im Bewegungsbad als völlig normal empfundene Körpergefühl bezüglich meiner Person am Abend desselben Tages noch einmal kritisch von mir auf den Prüfstand gestellt wurde.

So betrachtete ich mich nach dem abendlichen Duschen äußerst selbstkritisch von allen Seiten in meinem großen Badezimmerspiegel. So gut es ging auch von achtern.

„Nein, alles in Ordnung. Es ist alles da, wo es hingehört. Gut so, altes Mädchen", seufzte ich meinem Spiegelbild zufrieden entgegen. Allerdings konnte es an einem schlechten Tag vorkommen, dass mir mein Spiegel ganz das Gegenteil entgegenschrie. Ich hatte durchaus an einigen Tagen während meines Aufenthalts im Wasserschlösschen zur lockeren Schraube das Gefühl, dass die getroffenen Aussagen der Damen in dem Bewegungsbad nicht den von mir an diesen Tagen gefühlten Tatsachen entsprachen. Ganz im Gegenteil. Ich hatte das Gefühl, nach drei Wochen Sportdefizit – zu Hause trainierte ich mindestens drei Mal in der Woche nicht weniger als zwei Stunden – durchaus ein schwerkraftbedingtes Erschlaffen meiner gesamten hinteren Oberarmmuskelatur nach unten wahrzunehmen. Winke, winke. Im Wasserschlösschen trainierte ich höchstens mäßig gegen die von mir gefürchtete Schwerkraft an. Hieß: eine Stunde mit stark gedrosselter Geschwindigkeit.

Somit befürchtete ich an schlechten Spiegelbildtagen, aus allen Nähten zu platzen. Ich fühlte mich unförmig und schwabbelig.

Außer dem schon erwähnten Bewegungsbad gab es in dem Wasserschlösschen zur lockeren Schraube zu unser aller Verzückung noch ein ausgesprochen schönes Schwimmbad. Eine innenarchitektonische Meisterleistung. Mit venezianischen Malereien an den Wänden und der Decke. Mit riesigen Panoramafenstern, die den badenden Patienten einen wunderschönen Blick in den Wald ermöglichten. An dieser Anlage gab es nichts zu meckern. Für den Besuch der Schwimmhalle und der Sauna benötigten wir, die beschränkt Befähigten, allerdings die Zustimmung unserer behandelnden Ärzte.

Wenn uns deren Zustimmung vorlag, wurde seitens des zuständigen Sporttherapeuten auf der lilafarbenen Klappkarte des Erkrankten das begehrte Kreuz zu freien Besuchen der Sauna und des Schwimmbads gesetzt. Mit der *Freikarte* in der Hand konnte es losgehen. Der Weg in eine außergewöhnlich skurrile Welt war frei. Fast jeder Patient des Wasserschlösschens zur lockeren Schraube wollte *diese* Kreuze auf seiner Karte gesetzt bekommen. Mit einer textillosen Sicht konnte die Fleischbeschau nunmehr ungehindert stattfinden. Ein jeder konnte von Angesicht zu Angesicht gescannt werden. Was für ein Glück! Welche Freude!

Ich besuchte die Schwimmhalle … jedoch das Heißluftbad trotz der Freigabe seitens meiner Ärztin und meines Sporttherapeuten nicht. Mir war diesbezüglich einiges Ungute zu Ohren gekommen. Zudem war mein Bedarf an visueller Reizüberflutung gestillt, und darüber hinaus wollte ich meinen nackten Körper nicht der *fachmännischen* Beurteilung meiner Leidensgenossen aussetzen. Was auch noch einen Widerspruch in mir hervorrief: Warum sollte ich zum Fleischbeschau der Östrogenschleudern von AA- bis DD-Körbchen und zu den

Testosteronbomben mit einer Phalluslänge von circa sieben bis siebenundzwanzig Zentimetern gehen, wenn ich doch zu Hause eine ausreichende, zufriedenstellende Zahl an Zentimetern sitzen hatte? So nötig hatte ich es nun ganz und gar nicht. Mein Mann ist ganz ordentlich ausgestattet. Da kann ich mich wirklich nicht beschweren.

Im Hallenbad wurden die Schwimmgruppen wie die Sportgruppen in verschiedene Wattgruppen unterteilt und dementsprechend sah die Mischung auch aus. In der Fünfundzwanzigwattgruppe waren die Generation 70 plus und die Bewegungslegastheniker untergebracht. Die Fünfzigwattgruppe war eine bunt zusammengemischte Gemeinschaft. Die Fünfundsiebzigwattgruppe war die „augenfreundlichste", die attraktivste Herde. Diese Mannschaft hatte durchtrainierte Körper, den Willen und den unbedingten Anspruch, etwas für ihren Körper zu tun, Sport zu treiben.

Als ich das Schwimmbad betrat, merkte ich die Urteilsabgaben der anderen Mitpatienten auf meiner Haut. Mir waren die vielen brennenden Blicke der zu achtzig Prozent sehr fülligen Damen mit Wäschestücken der Körbchengröße bis zu Doppel D sehr unangenehm. Wobei: Bei genauerer Betrachtung meinerseits hatte sich die böse Schwerkraft doch schon sehr an dem Doppel D ausgelebt. Bestimmt wären einige der anwesenden Frauen gerne ein Bademodenmodell – wenn sie dafür nur nicht hätten abnehmen müssen. Ja, die Blicke der hier anwesenden Mitpatienten und Mitpatientinnen zu spüren, sich diesen Menschen im Bikini zu präsentieren, ließ mir den einen oder anderen Schauer über meinen Rücken laufen. Ich fühlte mich wie auf dem Präsentierteller.

Du dumme Kuh, hast ja selbst schuld. Du wolltest es ja nicht anders haben, du musstest ja unbedingt ein Kreuz bei dem Aufenthalt in der Schwimmhalle und der Sauna gesetzt bekommen … das hast du jetzt davon, philosophierte ich.

Zu meiner Schande muss ich gestehen, dass auch ich meine Augen dann und wann bei einem meiner wenigen Besuche in der Schwimmhalle schweifen ließ. Was ich in dem großen Nassraum so alles zu sehen bekam, war nicht von schlechten Eltern. Alter Verwalter, einige meiner männlichen Mitpatienten, die Paradebeispiele einer verfehlten Esskultur, trugen Schwangerschaftsbäuche zwischen dem dritten und achten Monat. Jedes Hängebauchschwein wäre bei dem sich hier gebotenen Anblick an Dickleibigkeit neidisch geworden. Die Gehandicapten stellten ihre wirklich unglaublichen Profile den anwesenden Damen inklusive mir schamlos zur Schau. Ebendiese männlichen Gestalten wie auch einige der Frauenzimmer unterzogen mich ihrer Analyse. Fragten mich tatsächlich, wieso ich so wenig wiegen würde.

„Mensch, Mädchen, du musst mehr essen!", war nicht selten der Kommentar meiner weiblichen Mitpatienten.

Wie immer im Wasserschlösschen zur lockeren Schraube kannten Mann und Frau auch in der Schwimmhalle ganz offensichtlich nur ein Ziel: ihr Opfer der Begierde zu scannen. Wenn es für gut befunden wurde oder zumindest für annehmbar, ging es los. Es gab kein Halten mehr. Es wurde nicht mehr geschwommen. Zuvor ausgelebte sportliche Betätigungen fanden ein abruptes, ein jähes Ende. Es kam durchaus vor, dass die vorher genossene Wassergymnastik sofort beendet wurde. Meine Mitpatienten hinterließen schamlos einen perplexen Therapeuten. Doch für meine Mitpatienten war das Balzen wichtiger als die angedachte therapeutische Bewegung im Wasser. Sie holten sich stattdessen lieber Schaumstoffrollen, Bälle oder ähnliches Wasserspielzeug, das von dem Therapeuten am

Beckenrand zur Verfügung gestellt wurde, ins Wasser. Dieses diente zum Planschen und um das Gebalze und Gebalge mit der Auserkorenen oder dem Auserkorenen in die *richtigen* Bahnen zu lenken. Es begann ein vorpubertäres Gekicher und Geschnatter. Es wurde sich nunmehr im Wasser gerekelt, geaalt und ergötzt. Von den vielen Annäherungsversuchen und Anzüglichkeiten ganz zu schweigen. Pitsch, patsch ...

Für alle im Schwimmbad Anwesenden gut sichtbar wurden einige meiner dienstunfähigen Mitpatienten wieder in die Zeit des Schwimmens im Uterus ihrer Mutter zurückversetzt. In ihre pränatale Entwicklungszeit. Da schwammen Frauen und Männer wie Treibholz im warmen Wasser des Schwimmbeckens. Da ließen sich diverse Erkrankte wie eine bekannte Biene aus einem Kinderkanal im Vorspann kreisen.

In der Schwimmhalle des Wasserschlösschens zur lockeren Schraube sah ich mit großen, staunenden Augen Bademodenmodelle der 60er-, 70er-Jahre. Sah Männer mit „Freundschaftsbändchen", die sie als Badehosen trugen. Wirklich unglaublich! Ich fragte mich bei dem sich mir bietenden Anblick: *Ist Borat in diesem Haus etwa als Modeberater tätig gewesen?*

In der Auswahl ihrer Badebekleidung bewiesen sehr viele Mitpatienten ein wahrlich *gutes Händchen* und ein noch besseres *Gespür* in Bezug auf Farben und Formen.

Dass mich im Schwimmbad so etwas Schrilles erwartete, hätte ich im Leben nicht gedacht, als ich mich für den Aufenthalt in der Schwimmhalle aufnehmen ließ. Eigentlich schade. In der Schwimmhalle selbst, ohne die ganzen verrückten Randerscheinungen um mich herum, hätte ich mich mit Sicherheit sehr wohlgefühlt. Letztlich vermieste mir das ganze Drumherum den Aufenthalt in diesem wunderschönen Ambiente. Ich fühlte mich nicht wohl. Ich fühlte mich sogar ausgesprochen unwohl und hatte nicht im Entferntesten die Absicht, auf dem *Sender der Radargeräte* einiger in dem Becken planschender, paarungswilliger Gockel zu erscheinen.

Angesichts der negativen Eindrücke, die ich bei meinen Besuchen in der Schwimmhalle gewonnen hatte, war ich in den Wochen meines Aufenthalts nur einige wenige Male in der Schwimmhalle schwimmen. Sehr zu meinem Verdruss. Die Schwimmhalle war ausgesprochen schön.

Doch eines sei gesagt: Ich sah tatsächlich selten zufriedenere Gesichter in meiner Rehaeinrichtung als bei meinem Besuch im Schwimmbad. Hier bestätigte sich mal wieder: *Jedes Ding hat zwei Seiten. Es ist ALLES eine Frage des Blickwinkels.*

Alles eine Frage des Blickwinkels

Mit einem Fragezeichen hinter unserer Stirn nahmen Renate und ich zur Kenntnis, dass viele der Männer und Frauen zu ihren gewöhnungsbedürftigen Figuren standen. Ich fand es großartig, dass viele meiner Mitpatienten sich annehmen konnten, wie sie waren. Mit allem, was sie ausmachte.

Renate und ich hingegen waren mit unseren Rundungen nicht immer im Reinen. An manchen Tagen dachte ich zum Beispiel: *Mädchen, dein Körper ist eine Berliner Großbaustelle!*

Ein anderes Mal fragte ich mich: *Bin ich noch im Rennen … darf ich wohl noch am Straßenverkehr teilnehmen? Meine lieben Verantwortlichen – ihr habt selbst schuld! Die Abwrackprämie ist für mich nicht bezahlt worden! Bei mir seid ihr gehörig von eurem Plan abgewichen … wolltet ihr nicht die alten Modelle aus dem Verkehr ziehen, um Platz für neue zu schaffen? Nun denn, bei mir hat diese Maßnahme gehörig ihren Sinn verfehlt.*

Ich fand mein eigenes Spiegelbild an manchen Tagen fremd.

An so manchem Morgen nach dem Duschen fragte ich mich bei meinem erschreckenden Anblick im Spiegel: *Was machst du denn hier? Müssten wir uns nicht näher kennen, wenn du schon in meinem Hotelzimmer übernachtest?*

Es konnte tatsächlich auch vorkommen, dass ich mich nackt im Spiegel ansah und dachte:

Zwei Kinder, man sieht's.

Mit großer Verwunderung stellten Renate und ich während unseres mehrwöchigen Aufenthalts im Wasserschlösschen zur lockeren Schraube fest, dass offensichtlich eine große Lücke zwischen der Selbst- und der Fremdwahrnehmung bei vielen männlichen, aber auch bei einigen weiblichen Mitpatienten klaffte. Uns mit Sicherheit nicht ausgenommen.

Fast alle Männer mussten während der Zeit ihrer Gesundung immer ihren Marktwert taxieren. Dies war für Renate und mich unübersehbar. Die Herren der Schöpfung begegneten ihrem Spiegelbild ganz anders als die mit ihnen und mir gemeinsam einquartierten Frauen im Institut für psychosomatisch Erkrankte. Einige der Männer sahen nicht, dass sie keine S-Klasse waren, sondern nur ein alter Trabbi. Sie sahen nicht, dass sie keine Trüffelpraline aus der Confiserie waren, sondern nur eine Weinbrandbohne aus dem Discounter. In diesem Zusammenhang sagte ich zu Renate: „Ich käme ja auch nicht auf die Idee, mit einem Doppeldeckerbus in eine Garage einparken zu wollen, die für einen VW-Käfer gedacht ist“, als wir wieder einmal zusehen durften, wie einige der anwesenden männlichen Patienten ihren Brustkorb anschwellen ließen wie Truthähne in der Balzzeit. Zu beobachten war, dass die Schwellungen der Brust bei den Männern jedes Mal auftraten, wenn ihnen eine für sie interessante Frau über den Weg lief.

„Dauernd die Luft anhalten und den Bauch einziehen, um an Brustumfang zuzunehmen ... wie anstrengend! Die Ärmsten, sie sind doch wirklich zu bedauern“, prustete Renate mir bei dem sich uns bietenden Anblick belustigt entgegen.

Da in allen Räumen sowie auf den Zimmern Rauchverbot herrschte, bot der Eingang beziehungsweise der Ausgang zum Wasserschlösschen mal mehr, mal weniger den Anblick, als ob es sich um einen Zugang zu einer Geisterbahn handelte. An den Eintrittspforten zu den Therapie- und Gruppenräumen mussten so mancher Mann und manche Frau schon einiges einstecken können. An diesen fanden sich die Gruppen der

Raucher zur Befriedigung ihrer Sucht oder – mit den Worten der Raucher gesprochen –

zur geselligen Runde zusammen. Die verschiedenen radikalen Rauchergruppierungen setzten sich größtenteils aus Goldkettchenträgern, Mallorca-Mackern – diese zeichneten sich durch eine große Klappe, Goldkettchen und Buddhabauch aus –, Rubensweibchen, Michelinmännchen und Tablettenweibchen sowie werwolfbehaarte weibliche und männliche Körper zusammen. Zu guter Letzt gab es auch noch den *normalen* Raucher.

Je nachdem welcher der Eingänge – es gab insgesamt vier – gerade am stärksten frequentiert wurde, waren die Zugangsbereiche entsprechend angenehm oder unangenehm zu durchqueren. Was das Ganze nicht besser machte, war, dass die Raucher sich mit Sicherheit bei feuchten Wetterverhältnissen an den Eingängen einfanden. Sollte es regnen oder Ähnliches, konnte man sich sicher sein, dass es kein entspanntes Ein- oder Austreten gab. Die in unserer Einrichtung eingecheckten Raucher waren offensichtlich allesamt wasserscheu.

Als ich an einem Tag meines Rehaaufenthalts am Ausgang auf Renate wartete, blies mir frech, ohne Rücksicht auf meine Gesundheit zu nehmen, einer meiner rauchenden Mitpatienten unverfroren und zum wiederholten Mal, seinen blauen Dunst in meine Richtung.

„Kannst du bitte aufhören, den Rauch deiner Zigarette in meine Richtung zu pusten und wenn wir schon dabei sind, kannst du deine Zigarette bitte in eine andere Richtung halten?“, bat ich meinen rauchenden Mitpatienten nett.

Dieser antwortete mir doch tatsächlich:

„Schön, dich stört mein Zigarettenqualm … doch mich bringt die Qualmerei wahrscheinlich eines Tages um. Also, du großer weißer Vogel, halte deinen Ball flach. Ich mache ja auch kein Theater.“

„Warum beleidigst du mich jetzt? Ich verstehe dich nicht. Was soll mir das jetzt sagen?“, war das Einzige, was mir als Entgegnung einfiel.

Ich bin nicht oft sprachlos, doch diesem Mitpatienten, der so viel Blödsinn redete, konnte ich kein Paroli bieten, ohne auf sein Niveau hinunterzusteigen. Ich schwieg also.

Ich habe dich auf dem Radar, dachte ich mir, schnappte mir Renate, die in der Zwischenzeit gekommen war und amüsiert neben mir den Dialog verfolgt hatte. Ich flüchtete schnellen Schrittes mit Renate am Arm durch den Eingang in Richtung unseres Seminarraums.

Sollte es nicht regnen, fanden sich die radikalen Raucher gerne auf den sich in der Anlage aufgestellten Bänken ein. Sie saßen dort zuhauf. Gerne auch auf dem Schoß des oder der anderen bereits Platzierten. Auf *ihren* Bänken spielten sie sich sodann zusammen als Jury auf. Nichtintegrierte hatten, wenn sie in die angeschlossenen Therapieräume der Hauptgebäude mussten, jedes Mal das Gefühl, als würden sie statt über einen Vorplatz auf einem Catwalk laufen. Keiner der Mitpatienten wurde verschont. Jeder, wirklich jeder, auch ich, wurde hier begafft und anschließend von der männlichen, aber auch von der weiblichen unterbelichteten Jury beurteilt und mit Sprüchen bedacht, die alle *gern* hörten.

Zum Beispiel: „Nicht schlecht“ oder:

„Beweg dich nicht so schnell, sonst kommen wir nicht mit dem Gucken hinterher“ oder:

„Hast du die mit den dicken Titten gesehen? Die geht bestimmt ab wie ein Zäpfchen“ oder:

„Die Panzer rollen wieder.“

Sind einige Beispiele der vielsagenden Urteile.

„Da ihr das beschissene Karma als laufende Arschlöcher habt, kommt bestimmt irgendwann irgendwo Scheiße auf euch runter“, konstatierte ich wütend, als ich mit einem dieser substanzlosen Sprüche beschenkt wurde.

Liebe hirnamputierte Männer, liebe geistig unterbelichtete Frauen, liebe Intelligenzallergiker, eure Sprüche stärken das Selbstvertrauen, das Selbstwertgefühl vieler Mitpatientinnen und Mitpatienten ungemein! Ihr seid wirkliche Helden! Solche Menschen wie euch braucht unser Land NICHT!, sinnierte ich wütend an dem einen oder anderen Tag im Vorbeigehen.

„Frauen mit wenig Selbstbewusstsein werden mit großer Wahrscheinlichkeit nach dem Kuraufenthalt gar kein Selbstbewusstsein mehr haben“, stellte Renate, die dieses Schauspiel dann und wann an meiner Seite miterleben durfte, ärgerlich fest. Renate und ich kamen gerade aus dem Hauptgebäude vom Mittagessen, als die selbst ernannten Wächter *des guten Geschmacks* mal wieder ihre niederträchtigen Kommentare wie Bomben auf ein Kriegsgebiet fallen ließen.

Ich vergesse wirklich nie ein Gesicht, aber in eurem Fall mache ich gerne einmal eine Ausnahme, nahm ich mir felsenfest vor.

Renate und ich gerieten oft in Rage, wenn wir über die Frechheiten der C-Männchen und Michelin-Weibchen sprachen.

„Die Idioten haben wohl alle gemeinsam zu viel Fernsehen gesehen. Zum Beispiel eine von den im Moment angesagten Modelshows. Jetzt hoffen diese grenzdebilen Einfaltspinsel wohl, dass ihre Bissigkeiten und Gemeinheiten, mit denen sie uns alle überschütten, ihr geringes Ego aufwerten. Denken denn unsere einfältigen Mitpatienten gar nicht an das, was sie mit ihren Kommentaren anrichten? Dass sie eine riesige Sauerei hinterlassen? Eventuell ein Trümmerfeld, eine Kraterlandschaft?“, fragte Renate mich entrüstet.

Tatsache war: Im Wasserschlösschen zur lockeren Schraube wurde gewertet, gemustert, kritisiert oder beurteilt, was das Zeug hielt. Auch von den Normalos. Schade, die Spiegel in den

Zimmern der vielen selbst ernannten Gardisten waren wohl dauerhaft beschlagen oder waren zauberhafte Zauberspiegel aus dem Märchenland oder, eine andere denkbare Variante, waren Zerrspiegel und waren extra vom Rummel, vom Jahrmarkt, besorgt worden. Die Spiegel zeigten selbst die unförmigsten, unscheinbarsten Tölpel als absolute Raketen. Somit waren die Betrachter jenseits jedes Selbstzweifels.

Ich hing meinen Gedanken nach, als ich mir mit ein wenig Stolz meine Kleidung für das Abendbrot zurechtlegte. Ich hatte seit Tagen starke Schmerzen in meinem rechten Bein. Meine Schiene, meine Gehhilfe, trug ich lediglich beim Sport sichtbar. In der sonstigen Zeit war sie unter meinen langen Hosen gut versteckt. Ich wollte meine Gehbehinderung unter gar keinen Umständen zur Schau stellen. Ich wollte nicht bemitleidet werden. *Neid musst du dir erarbeiten, Mitleid wird dir geschenkt*, ging mir mein Credo durch den Kopf, als ich mich für das Abendessen zum *Schaulaufen* umzog.

Sehr interessant fand ich auch die männlichen Mitpatienten, die circa vier oder fünf Tage nach mir angekommen waren. Die sogenannten Neuankömmlinge. Unter diesen befanden sich auch einige selbst ernannte *Frauenversteher*. Diese hatten ihre ganz eigene Weise, mit den von ihnen ausgewählten Frauen in Kontakt zu treten. Entweder wurden die Auserwählten während des gemeinsamen Essens die ganze Zeit ungeniert taxiert oder sie wurden nach den gemeinsamen Gruppensitzungen unverhohlen angesprochen. Auch Renate und ich hatten einige Male das zweifelhafte Vergnügen. Auch wir wurden mit dem einen oder anderen nachfolgenden Spruch von so manchem *Frauenversteher* angesprochen:

„Wie lange bist du denn noch hier?“

„Ich wüsste nicht, was dich das angeht", antwortete ihm Renate harsch.

Oder: „Hast du schon Freunde gefunden? Wenn nein, vielleicht können wir ja Freunde werden."

„Wer sagt dir denn, dass ich Freunde suche?", beantwortete ich dem Babyface seine an mich gerichtete Frage. Der Jüngling war offensichtlich an mir interessiert. Nun sah ich ihn mir genauer an. Der Jungspund hätte locker mein Sohn sein können.

„Weißt du eigentlich, wie alt ich bin?"

„Nein, interessiert mich auch nicht. Doch eins weiß ich: Auf alten Stuten lernt man reiten", erwiderte der junge Knabe unverfroren.

Ich war sprachlos, hätte ihm am liebsten gezeigt, wozu alte Stuten in der Lage sind. Besann mich jedoch meiner guten Manieren und entgegnete ihm lächelnd:

„Das Reiten auf einer Vollblutstute will gelernt sein. Das ist nichts für Anfänger." Der Blick meines Gegenübers war unbezahlbar. Schwungvoll drehte ich mich um und verließ mit erhobenem Haupt den Ort des Grauens in Richtung Gruppenraum.

Ein anderes Mal wurde ich, als ich gemeinsam mit Renate und einem männlichen Gruppenmitglied mit Namen Thomas den Therapieraum verlassen wollte, von ebendiesem mit folgender Frage angesprochen:

„Na, hast du dich schon im Wasserschlösschen eingelebt?"

„Was meinst du damit?", entgegnete ich ihm irritiert.

„Bitte, wie soll ich mich denn hier einleben? Mein Aufenthalt in diesem Haus ist nicht ganz freiwillig. Die Rentenversicherungsanstalt hat mich in ihrem Anschreiben nett gebeten, mich in dieser Einrichtung als Gast einzuchecken."

Der Paradiesvogel ließ nicht locker.

„Eventuell habe ich meine Frage nicht richtig gestellt. Ich wollte von dir wissen, ob du schon angekommen bist. Auch interessiert mich tatsächlich brennend, ob du dich im Wasserschlösschen zur lockeren Schraube wohlfühlst. Mehr noch, ob du dich mit den Therapieangeboten, die im Wasserschlösschen angeboten werden, identifizieren kannst. Es interessiert mich auch brennend, wie du deine Mitpatienten findest, wie du sie einschätzt."

Ich war mit dem offensichtlichen Interesse des Paradiesvogels an meiner Person kurzzeitig überfordert. Ich schaute das interessierte Gruppenmitglied fragend an und stellte ihm nachfolgende Gegenfragen:

„Zu deiner ersten Frage: Interessiert es dich denn wirklich, was ich denke? Außerdem, wo soll ich angekommen sein? Bei mir? Im Schlösschen? In dem kleinen beschaulichen Ort Bad Kleeblatt?

In meinem Zimmer? In dem Hotel?

Und nun zu deiner zweiten Frage: Ich finde schon, dass du erheblich über das Ziel hinausschießt. Wie kommst du auf die Idee, dass ich mit dir über andere Mitpatienten sprechen möchte?"

Der Typ war völlig resistent. Hörte nicht auf zu bohren.

„Glaubst du mir nicht, dass ich an deinen Gedanken interessiert bin?", fragte er mich beleidigt.

„Etwas zu glauben setzt ein Mindestmaß an Interesse voraus", gab ich ihm genervt zur Antwort.

Was für eine Nervensäge!, ging mir durch den Kopf. Ich wollte nur noch schnell in die bereits wartende Fahrstuhlkabine einsteigen. Zum ersten Mal seit meiner Ankunft im Wasserschlösschen zur lockeren Schraube wartete der Fahrstuhl mal auf mich und nicht, wie sonst immer, ich auf ihn. Ich musste dieses Mal nicht auf dieses veraltete und ständig überlastete Kabinenfahrgestell aus Metall warten. Ich stieg schnell in den Fahrstuhl ein und drückte den Türschließknopf, um bloß keine weiteren Fragen mehr beantworten zu müssen.

Eine andere Spezies waren auf dem Areal die ewig jungen Männer. Endfünfziger, angekommen in ihrem x-ten Frühling. Hatten im Leben *da draußen* nicht wirklich etwas erreicht, da sie verantwortungslos und nicht bindungsfähig waren. Waren nun an, diesem abgeschiedenen Ort, jenseits des Alltags, wieder Twens. Auch schien es, als hätten sich in den Gemäuern einige wenige Ü50er eingecheckt, die in der realen Welt durchaus erfolgreich waren. Diese wollten sich jedoch unter der *Glocke* noch einmal austesten. Eventuell auch nur noch einmal ihr angekratztes altes Ego aufwerten. Noch einmal unter Beweis stellen, dass sie noch nicht zum alten Eisen gehörten, und aufgrund der gefühlten zwanzig oder auch Ü20 plus suchten und fanden sie im Wasserschlösschen zur lockeren Schraube kleine Barbiepuppen. Tolle Figur, hübsches Gesicht, kleines Hirn. Das Beste, was diesen Männern passieren konnte. Leichte Beute zum Mitnehmen und Vernaschen im Vorbeigehen. So war das eben mit diesen Männern, deren Beuteschema sich maximal bei einundzwanzig plus eins bewegte. Als würde es keinen nächsten Tag mehr geben, kicherten und gestikulierten die jungen Frauen, dass man nur hoffen konnte, dass es bei diesen Mädchen doch noch rechtzeitig klick!, machen würde. Von den nun deutlich verjüngten Männern (jedenfalls glaubten die Männer offenbar durch die Bekanntschaften mit den jungen Frauen dem Jungbrunnen entstiegen zu sein) war keineswegs zu erwarten, dass ihre hormongesteuerten Hirne noch wachsen würden.

Bei etlichen dieser Menschen hatte ich den Eindruck, dass die Intelligenz diese Gruppe von Mitpatienten verfolgte. Die erwähnten Männer, Mädchen und Frauen waren jedoch immer schneller, und die Intelligenz hatte keine Chance, sie einzuholen. Was mir beim Anblick dieser Gruppe in den Sinn kam, war ein erst kurz zuvor gelesenes Zitat:

Ein Tag ohne dich ist wie ein Monat Urlaub. Ich weiß, du

brauchst mich, aber es tut mir leid, ich bin gegangen. Ich war reif, urlaubsreif! – Dein Gehirn.

Unser Gehirn ist entgegen der landläufigen Meinung kein Muskel. Unser Gehirn ist tatsächlich ein sehr aktives Organ mit einem besonders hohen Energiebedarf. Damit es einwandfrei funktioniert, möchte es permanent *gefüttert* werden. Der Vergleich mit einem Computer ist durchaus berechtigt. Es gibt leistungsfähige und weniger leistungsfähige Computer. Nicht anders ist es mit dem menschlichen Gehirn. Es gibt leistungsfähige Hochgeschwindigkeitsgehirne und die anderen, nennen wir sie einfach Bummelzuggehirne.

Wenn ich böse Gedanken gehabt hätte, hätte ich mich gefragt, was eine Überdosis Viagra bei den aus dem Jungbrunnen Entstiegenen so alles anstellen konnte. Ich hätte auch auf den bösen Gedanken kommen können, dass, wenn gerne Doktorspielchen bei *Barbie* und *Ken* gespielt werden würden, die Überraschungen auf beiden Seiten sehr groß gewesen sein mögen. Ähnlich wie beim Auspacken eines Überraschungseis.

Dann gab es in meinem Patientenparadies auf Zeit noch die ewig lüsternen, lechzenden Mitpatienten. Nennen wir sie einfach die *Notgeilen.* Diese sprachen *dürstend und schmachtend* eine Frau ihrer Wahl an, um sie zum Beispiel als Vorspiel ins Kino einzuladen. Sagte die von ihnen ausgewählten Frauen ab, ging dieser Typ Mann zur nächsten. Wie von mir beobachtet und selbst erfahren, war es jedoch immer derselbe Frauentyp. Sollte auch diese Frau keine Neigung verspüren, seinen Gelüsten nachzugeben, keinerlei Interesse an einem gemeinsamen Rendezvous mit dieser Männersorte zeigen, machte ihm dies rein gar nichts aus, denn es gab für diesen dickhäutigen Typ Mann immer *frisches Blut.* In der Einrichtung wurde an drei Tagen in der Woche für Nachschub gesorgt. An den Dienstagen, immer wieder mittwochs und an den Donnerstagen waren die Anreisetage für die Neulinge. Dann konnte Mann weiter in die Zielgerade einlaufen … letztlich so lange, bis es an einem *Frischfleischanreisetag* eben doch mit einem der *Frischling*e klappte und der Lustmolch endlich seine ersehnte Sinnesreise beginnen konnte.

Nach der Maxime: *Irgendwann, bei irgendeiner muss diese Nummer doch zum Ziel führen. Muss sich doch der gewünschte Erfolg einstellen.*

Nach der Devise:

Frauen suchen immer den Richtigen, Männer hingegen können auch mit der Falschen ihren Spaß haben.

Unfassbar, doch der Erfolg gab diesem Männertyp sogar recht!

Kurz und gut, eine Anmerkung von mir an dieser Stelle:

Geliebte Männer, so ein Gebaren ist definitiv nicht nett! Frauen, liebe Männer sollten einmalig sein. Jede Frau ist eine Prinzessin, und diese sind nicht austauschbar! Liebe Männer, merkt euch das bei euren künftigen Beutezügen!

Mein Tipp: Liebe Frauen, nicht jeder Mann ist ein Prinz und möchte euch als seine holde Maid auf sein Ross zum Anbeten in sein Schloss einladen. Augen und Ohren auf bei der Partnerwahl! Es gibt genug Schweinebraten in freier Wildbahn.

Jedoch muss ich zugeben, dass im Wasserschlösschen zur lockern Schraube wirklich jede Macke, jeder Tick, jeder Dachschaden gut und gerne ausgelebt werden konnte. In diesen Gemäuern war für jeden Mann und jede Frau das Passende dabei. So man dies wollte und zulassen konnte. Es war eine gemischte *Szene.* Eine Milieustudie, die man sonst nur im Fernsehen zur besten Sendezeit des „Proll-TV“ zu sehen bekam.

Ganz gruselig fand ich, dass relativ hübsche Frauen aller Altersgruppen sich im Gesundheitstempel permanent den Avancen der verschiedensten, sexhungrigen Männer erwehren mussten. Wenn die angesprochenen Frauen die Offerten der im Wasserschlösschen zur lockeren Schraube anwesenden Männer zurückwiesen oder zu verstehen gaben, dass sie nicht interessiert waren, galten sie als arrogant, zickig und hochnäsig. Dies waren dann wohl ganz klare Fälle von Selbstherrlichkeit mit narzisstischen Grundzügen.

„Frauen müssen sein, Hauptsache, sie leben", schnappte ich einmal auf oder:

„Zur Not deckt man das Gesicht einfach ab" oder:

„Es handelt sich bei Frauen nur um halb tote Gegenstände" oder – auch wirklich im Wasserschlösschen zur lockeren Schraube aufgeschnappt:

„Tja, manche Frauen denken bei Brustkrebs, es wäre ein Sternkreiszeichen."

„Was für Erbsenhirne!", rief mir Renate zu, als uns diese Aussage während einer unserer Streifzüge durch das Areal zu Ohren kam.

Wir unterhielten uns bei einem unserer Rundgänge durch das riesige Gelände, und ich stellte sachlich richtig fest:

„Viele meiner lieben männlichen Mitpatienten verschönern tatsächlich jeden Raum erst durch das Verlassen desselben. Was für riesengroße Komplexe haben die Männer zu kompensieren, um auf diese miesen Maschen zurückgreifen zu müssen? Was mag in einigen von ihnen vorgehen, wenn sie sich zur Anwendung einer verbalen Kriegsführung genötigt sehen? Was mag wohl in ihrem bisherigen Leben alles schiefgelaufen sein?

Doch zum Glück sind diese Männer nun zu Gast in dem Wasserschlösschen zur lockeren Schraube in Bad Kleeblatt.

In diesem Gesundheitstempel wird ihnen geholfen. In diesen heiligen Hallen dürfen sie nun all ihre Defizite, ihre Ängste, ihre Sorgen und Nöte ausbreiten und aufbereiten. Sie dürfen nun in den ihnen zugeteilten Gruppentherapien und mit dem für sie zuständigen Einzeltherapeuten über ihr Gefühlsleben sprechen. Dürfen sich nunmehr anderen Mitpatienten in dem einen oder anderen Gruppengespräch offenbaren."

Renate sah mich mit großen Augen an und lachte.

„Du nun wieder", war alles, was sie mir auf meine in nette Worte gekleidete Aussage erwiderte.

Auch *nett* fand ich Mitpatienten, die vor lauter Langeweile nicht wussten, was sie mit sich anfangen sollten. Diese Gruppe hatte sich erfolgreich vor den angebotenen Therapien gedrückt. Sie saßen in den vorhandenen Warte- und Lesehallen. Von diesen gab es im Wasserschlösschen zur lockeren Schraube drei. Dieses *Team* war sich einig. Es trat nur im Rudel auf. Sie beobachteten ihre Umwelt und die anderen Mitpatienten. Musterten und überschütteten die Vorbeischlendernden – Vorbeieilenden trifft es wohl eher – mit überflüssigen Kommentaren. Diese Sippe versuchte die Vorbeihastenden an ihren Spekulationen und ihrem Gelaber, an ihren Gedankenergüssen und Sprechgesängen teilhaben zu lassen. Dies war zugegeben auch eine Art, von den allgemeinen Konventionen abzuweichen. Ja, mehr noch, es war eine sehr unkonventionelle Art der Kontaktaufnahme. Schrill, aber warum nicht? Auf diese Art und Weise konnte die allgemein gewünschte und selbstverständlich viel gepriesene Toleranz gegenüber Andersartigen getestet werden. Ohne Frage waren bei der *Kontaktaufnahme* des Rudels zu den Vorbeiziehenden Nerven aus Stahlseilen gefragt. Wer konnte, versuchte daher diese Räume zu umgehen, was leider nicht immer möglich war. Jeder, der noch einigermaßen klar im Kopf war, wer noch alle Tassen im Schrank hatte, bei dem noch alle Schrauben festsaßen, versuchte es jedoch täglich aufs Neue.

Der Mix macht's

Schockiert, erschrocken oder bei genauerer Betrachtung vielleicht auch nur irritiert war ich von dem Mix an Menschen, die mit mir gemeinsam für eine Zeit zwischen vier, sechs und acht Wochen im Wasserschlösschen zur lockeren Schraube verweilen durften. Für uns Psychos gab es in der Institution entsprechend dem jeweiligen Krankheitsbild zugeordnete Gesprächskreise, Rollenspiele, diverse Sportangebote, Einzelgesprächstherapien, Physiotherapien, Ergotherapien et cetera. Diese Angebote gab es zusätzlich zu den vielen Beschäftigungstherapien.

Bei den weiblichen Patienten war es bezeichnend, dass es einen unglaublich hohen Anteil an selbst ernannten spirituellen Wesen gab. Nicht wenige von ihnen waren davon überzeugt, Engel zu sein oder, wenn sie nicht selbst Engel waren, dann wenigstens deren Boten. Die Paradieswächter oder die Überbringer sprächen durch sie. Wie traurig! Manches Mal geriet ich an meine Grenzen und konnte bei den *Small Talks* mit diesen Frauen nur schwer ernst bleiben. *Was mag ihnen in ihrem Leben nur widerfahren sein? Was war der Grund für dieses Phänomen bei vielen der hier anwesenden weiblichen Geschöpfe?*, ging mir oft durch meinen Kopf.

Dennoch gab es wirklich sehr schwere Schicksale, die dazu beitrugen, dass ich anfing, über mich, über meinen Schicksalsschlag, ach, was sage ich, über mein gesamtes Leben und meinen bisherigen Lebenswandel nachzudenken. Mein Leben wurde von mir auf den Prüfstand gestellt.

Ich lernte im Wasserschlösschen zur lockeren Schraube Schicksale kennen, die dafür sorgten, dass ich für mein Leben dankbar war. Mir wurde bewusst, dass ich innerlich noch nicht tot war. Gewiss, ich war zeitweilig suizidgefährdet, jedoch aus einer tiefen inneren Verzweiflung, die meiner neuen Lebenssituation geschuldet war, heraus.

Die Erfahrungen, die ich aus den Berichten und Aussagen der Mitpatienten, aus den Gruppengesprächen in den Gruppentherapien und aus meiner geliebten Einzeltherapie sammeln konnte, waren definitiv das Beste, das ich aus meinem Rehaaufenthalt in meinen Alltag mitnehmen konnte.

Der Mix der Patienten bestand zum Beispiel aus Transsexuellen, die ihren Lebensraum neu definieren wollten, sollten, mussten. Diese waren ebenso vertreten wie die Hardcorelesben, die Sadomaso-Schwulen oder auch die Sexsüchtigen. Als ich von der Sexsucht einer meiner Mitpatientinnen erfuhr, fing ich hinter vorgehaltener Hand an zu schmunzeln. Doch wie sehr litten diese Menschen, die offensichtlich ihre Sexualtriebe nicht mehr steuern konnten, darunter Freundschaften zerbrachen. Der Kontakt zu Arbeitskollegen, Nachbarn und Bekannten war schwer gestört. Diese Menschen fielen in ein schwarzes Loch. Waren gefangen im Nirgendwo. Bekamen aufgrund der mangelnden Akzeptanz dieser Krankheit on top noch Depressionen. Tatsächlich war es mir bisher nicht klar gewesen, dass diese Sucht, diese Krankheit, so mannigfaltige Folgen hatte. Auch die Burn-out-Patienten waren vertreten, ebenso wie die Krebspatienten, die während ihrer Reha wieder Lebensmut fassen sollten und denen man Perspektiven und den Umgang mit dieser schlimmen Krankheit für das weitere Leben aufzeigen wollte. Auch gab es Hausfrauen und Mütter, die total erschöpft in dem Wasserschlösschen zur lockeren Schraube in Bad Kleeblatt zur Selbstverwirklichung aufbrachen oder ihre Depression erkannten. Außerdem waren viele posttraumatisch belastete ehemalige Soldaten als Gäste aufgenommen worden.

Das Teilhaben an ihren schweren, zum Teil schier unfassbaren Erlebnissen war unglaublich grausam für mich. Die Ausführungen, explizit die Erlebnisse eines ehemaligen Soldaten, dem einstigen Beschützer unseres Landes, mit seinen sehr guten Schilderungen, erreichte einige Male die Grenze meiner Belastbarkeit. Seine Erzählungen über seine Einsätze in Afghanistan, im Kongo, im heutigen Kroatien und auch vor der afrikanischen Elfenbeinküste in der Piratenabwehr waren für mich unvorstellbar. Diese besagten Erlebnisse in ebendiesen Einsätzen haben mich – und bestimmt nicht nur mich, sondern auch viele andere Gruppenmitglieder – sehr schockiert. Dieser Mann hatte mehr erlebt, als man in einem Leben ertragen konnte!

Aber auch einige androgyne Lebensformen durfte ich während meines mehrwöchigen Aufenthalts kennenlernen. Diese geschlechtsneutralen Mitpatienten hatten das Problem, dass es durch ihre Geschlechtsneutralität, ihre Art und Weise, wie sie auf andere Menschen wirkten, auch in ihrem engsten Umfeld an Akzeptanz und Toleranz fehlte – was bei den Betroffenen zu tiefer Resignation und Lebensmüdigkeit geführt hatte. In den Räumen des Wasserschlösschens zur lockeren Schraube sollten sie nunmehr in den Therapiesitzungen und den weiteren Anwendungen lernen, neuen Lebensmut zu fassen. Sollten lernen, mit der mangelnden Akzeptanz ihrer Mitmenschen umzugehen und zu guter Letzt, sich selbst anzunehmen.

Darüber hinaus gab es viele Opfer von Vergewaltigungen. Wie die Opfer mir in Einzelgesprächen oder uns in Gruppengesprächen erzählten, zogen die Täter keine Grenzen vor dem Geschlecht. Wie ich sehr zu meinem Entsetzen erfuhr, fanden die Missbräuche häufig innerhalb der Familie statt. Die zwischenzeitlich erwachsenen Opfer versuchten die Vergangenheit im Hier und Heute zu verstehen und bestenfalls in der Gegenwart mit ihr abzuschließen.

Sehr interessant fand ich jedoch einen ganz anderen, besonderen Patientenkreis. Dieser war mit seinen imaginären Freunden angereist. Davon gab es einige im Schlösschen. Wirklich charmant und sehr, sehr unterhaltsam. Ein schöner Kontrast zu den oben genannten Schicksalen.

Zu guter Letzt gab es noch den Patientenkreis der Trauernden. In diesen Gruppen fanden sich erkrankte Seelen ein, die mit dem Tod eines geliebten Menschen nicht umgehen konnten. Die den Tod des geliebten Wesens nicht verarbeitet hatten. Die durch die Trauerphase auch teilweise sich selbst verloren hatten. In den Trauergruppen sollten sie lernen, das Erlebte zu akzeptieren und zu verstehen. Sie sollten lernen loszulassen und wieder zu leben.

Außergewöhnlich war das *Aufenthaltsbestimmungsrecht* eines Mitglieds des starken Geschlechtes. Dieser Mitpatient war nach dem Flatratesaufen beim Autofahren von einer Kamera erwischt worden. Er war offensichtlich nach dem Blitzlichtgewitter und den daraus resultierenden Fotos diskreditiert worden. Sein Punktekonto in Flensburg hatte sich daraufhin so gefüllt, dass er nun zum Test ins Wasserschlösschen zur lockeren Schraube einziehen durfte. Dieser Unverbesserliche! Er ließ uns, der Gruppe, zukommen, dass bei ihm eine sozialmedizinische Empfehlung ausgesprochen werden müsste. Ob dieser Aufenthaltsgrund wirklich der Wahrheit entsprach? Na ja. Der Umgang mit Alkohol will gelernt sein. Ich wage diese Geschichte dennoch zu bezweifeln. Wenn es aber für ihn der Wahrheit entsprach, so what, wem schadete es, wenn es nicht stimmte?

Und wieder kam in mir die Frage auf: *Wo war ich nur hingeraten?*

An einem Tag meines Aufenthalts hatte ich mit einer netten, gepflegten Mitpatientin, geschätzt um die sechzig, gesprochen.

Diese behauptete doch tatsächlich, dass es in ihrem Haus spuken würde. Sie könnte sich mit dem in ihrem Haus befindlichen Geist unterhalten. Sie sagte mir tatsächlich, dies im Übrigen sehr glaubhaft, dass sie Kontakt zu dem überirdischen Wesen in ihrem Haus aufgenommen hätte und dieses in vielen Lebensfragen um Rat bitten würde.

„Bärbel", sagte mir die Eva des Spukschlösschens.

„Ich wohne seit fast dreißig Jahren in meinem Einfamilienhaus. Dieses Haus ist schon sehr alt, und immer wenn mein zweiter Mann auf Dienstreise war, rumpelte es in meinem Haus. Es war beängstigend. Als ich dann eines Tages all meinen Mut zusammennahm und nachgesehen habe, woher das Gerumpel kam, habe ich zu meinem Verdruss nichts feststellen können.

Eines Abends, es war schon sehr spät, saß ich in meinem Wohnzimmer, und es ging mir sehr schlecht. Ich fühlte mich mal wieder einsam und war verzweifelt. Du musst wissen, ich leide schon seit vielen Jahren an schweren Depressionen. Seit dem Tod meines ersten Mannes wurden sie schlimmer. Ich saß also in meinem Wohnzimmer und plötzlich hatte ich das Gefühl, dass jemand hinter mir stand. Ich spürte tatsächlich einen leichten Windzug und so etwas wie eine zarte Berührung auf meiner rechten Schulter. Später dann – ich bin kurz aus dem Wohnzimmer gegangen, um mir etwas zu trinken zu holen – war das Fotoalbum, das ich auf dem Wohnzimmertisch liegen gelassen hatte, aufgeschlagen und einige Familienfotos aus glücklichen Zeiten, als mein erster Mann noch lebte, waren obenauf. Ich erinnerte mich an diese Zeit, an das wohlig warme Gefühl, an unsere gemeinsamen, schönen Stunden, als diese Fotos entstanden waren, und gleich ging es mir viel besser. Heute beziehungsweise jetzt ist es mittlerweile so, dass ich, wenn es mir nicht gut geht, ich nicht mehr weiterweiß, ich jedoch mit meinem zweiten Mann nicht über meine Probleme oder über meine Sorgen und Nöte sprechen möchte, meinen Geist um Rat frage. Er hat mir bisher immer Antworten auf meine Fragen geben können."

Wie die Zusammenkunft zwischen der Erscheinung und Erika, so hieß die Eva des Spukschlösschens, aussah, traute ich mich nicht zu fragen. Tatsächlich war mir das Ganze zu mysteriös. Es wurde wirklich Zeit, dass ich endlich nach Hause kam. In diesem Moment erwachte in meinem Kopf die Erinnerung an einen Kinofilm, den ich einige Jahre zuvor in irgendeinem Filmpalast gesehen hatte. Erikas Erzählungen erinnerten mich an ebendiesen Film, den ich seinerzeit über paranormale Phänomene in einer Traumfabrik gesehen hatte. So weit war es also schon mit mir gekommen, dass ich die Geschichte, die Erika mir erzählte, mit einem Kinofilm assoziierte.

Ein Hoch auf die verschiedenen Therapieformen!

Eine nicht geringe Anzahl von meinen Mitpatienten war von der Tanztherapie begeistert. Die Patienten, die an dieser Therapieform teilnahmen, schwärmten von dem Erfolg, den ihnen diese gebracht hatte. Meine Neugier war nach diversen Gesprächen mit meinen Mitpatienten geweckt. Ich wollte daher auch ausprobieren, ob mir die ans Herz gelegte und viel gepriesene Tanztherapie gefallen würde. Als ich dort das erste Mal in der 13-köpfigen Gruppe aufschlug, sah ich jedoch gleich, dass ich nicht wirklich in diese Crew gehörte.

Augenscheinlich waren in dieser Gemeinschaft viele einstige Waldorfschüler, Körnerfresser, Birkenstock- und Latzhosenträger versammelt. Wahrscheinlich wurden diesen ihre grünen Eltern zu spießig und sie suchten sich daher ein neues, ein eigenes Feld der Anerkennung. Meiner Meinung nach war die Tanztherapeutin auch auf eine dieser Schulen gegangen. Was jetzt nicht heißen soll, dass diese Form des Unterrichts schlecht war, ganz im Gegenteil, aber mir persönlich gefiel diese Art der Kommunikation ebenso wie die praktizierte Unterrichtsmethode in diesem Kurs ganz und gar nicht. Ich war offensichtlich zu sehr im Hier und Heute. Konnte mich daher nicht auf diese sehr spezielle Form der Unterrichtsgestaltung einlassen. Kaum fing diese fragwürdige *Tanzstunde* an, ereiferte sich die Therapeutin begeistert, fast schon euphorisch:

„Tanzt eure Wut, euren Zorn, eure Angst und eure weiteren negativen Gefühle aus dem Körper. Erdet euch. Spürt euer Selbst, euer Ego, euren Körper, euren Geist, eure Seele. Umarmt einen Baum. Legt euch auf eine schöne Blumenwiese."

Hilfe! Hilfe!, ging es mir durch meinen Kopf. Meine Toleranzskala wurde im Turbogang gleich auf Stufe zehn getestet. Diese Therapie war definitiv nicht mein Ding. Dreizehn

Männer und Frauen tanzten quer durch den Raum. Jeder auf seine ganz eigene Art und Weise. Nicht wenige weinten, zitterten, sackten in sich zusammen, wimmerten oder schrien. Ob dies vor, während oder nach der Umarmung des imaginären Baums, vor, während oder nach dem Liegen auf der imaginären Blumenwiese stattfand, blieb mir verborgen. Ich stand etwas abseits und wünschte mir nur das Ende dieser Stunde herbei. Etwas so Skurriles hatte ich zuvor noch nie gesehen. Ich fühlte mich in den Film *„Einer flog über das Kuckucksnest“* versetzt. Wann kommt der Hauptdarsteller dieses Filmes? War er gar schon anwesend und hatte sich nur innerhalb der Gruppe oder in einer Ecke des Raums versteckt?

Auch erwähnenswert waren die sogenannten Themengruppen. In diesen wurden – bezogen auf die momentanen Befindlichkeiten – Krankheitsbilder fachlich analysiert. Zum Beispiel wurden den Depressiven die verschiedenen Formen der Depressionen dargestellt. Die entsprechende Medikation der verschiedenen Medikamente wurde den Interessierten erklärt. Ferner wurde auf die Medikamentenwirkung sowie auf die unterschiedlichen Wirkstoffe näher eingegangen. Viele unterschiedliche Therapieformen beim Verlauf der verschiedenen Formen der Depression wurden angesprochen und besprochen, und auch auf deren Symptome und Beschwerden wurde ausführlich eingegangen. Themenbezogene Flipcharts wurden mit den Patienten gemeinsam ausgearbeitet. Seitens der Psychologin war die Mitarbeit der Dienstunfähigen gern gesehen und herzlich willkommen. Diese Themengruppensitzungen fanden einmal in der Woche statt. Als Renate und ich uns in der von unseren Therapeuten zugewiesenen Themengruppe wiederfanden – zum Glück besuchten wir die gleiche Gruppe – war es für uns beide sehr befremdlich, dass wir offensichtlich die einzigen Anwesenden waren, die ihre derzeit geschwächte Persönlichkeit nicht mit Medikamenten stärkten beziehungsweise durch Medikamenteneinnahme veränderten. Die Therapeutin und die weiteren *geladenen Gäste* schmissen nur so mit ihrem Fachwissen bezüglich der Einnahme der Medikamente, in der Fachwelt auch Antidepressiva genannt, um sich. Mann und Frau tauschten sich über die Wirkung und die Dosierung der Medikamente aus, als sprächen sie, wie auf einer Weinprobe, über das jeweilige Anbaugebiet, den Jahrgang, den Abgang, die Klarheit, die Lagerung, das Bukett des jeweiligen Weines. Dies war ganz und gar absurd!

Aus lauter Angst, dass diese Gruppe verbal über Renate und mich herfallen würde, verschwiegen wir unsere vehemente Medikamentenverweigerung, unsere Nichteinnahme von irgendwelchen Psychopharmaka, den bunten Fröhlichmachern, den Hemmungskillern. Vor dieser speziellen Gruppe wollten wir uns nicht dazu bekennen. Man wusste ja nie, welche Lawine man lostreten würde. Frei nach dem Motto: *Augen zu und durch* hielten wir gemeinsam diesem Gruppenzwang stand.

Außer mit Renate sprach ich nur mit meinem Einzeltherapeuten und meiner behandelnden Ärztin über die Gründe meiner Verweigerung bezüglich der Einnahme der Psychopharmaka. Ich hatte während meiner ganzen Aufenthaltszeit das Gefühl, dass ein öffentliches Eingeständnis meiner Verweigerung eine Wertung gegenüber meinen Mitpatienten bedeuten würde. Dass sich der eine oder andere Mitpatient dadurch auf den Schlips getreten fühlen würde. Daher schwieg ich.

Doch damit nicht genug: Es gab noch die Ergotherapiegruppen. Eine weitere, nicht minder interessante Therapieform aus dem Beschäftigungskatalog des Wasserschlösschens zur lockeren Schraube. Das Kursangebot in den Räumen der Institution war mannigfaltig!

Es lag ein Bogen mit Angeboten aus, aus denen man Nachfolgendes auswählen konnte:

Schmuck anfertigen, Körbe flechten, Puppenkleidung nähen, Bilder malen, Ton formen, Specksteine schleifen, Teddybären herstellen.

Für die Mitpatienten, die bisher noch keinen Kontakt zu einem Fremden, nämlich dem Computer hatten, ließ dieser sich nunmehr bequem herstellen. Dieser elitäre Patientenkreis konnte, musste oder wollte die Möglichkeit nutzen. Es gab während ihres Aufenthalts für sie das Angebot, einen Kontakt zu dieser ihnen völlig neuen Technik herzustellen. Einzutauchen in die Welt des World Wide Web.

Als ich dieses Angebot auf dem Flyer sah, dachte ich, dass es sich bei dem Aufruf zur Teilnahme an diesem Kurs bestimmt um einen Irrtum handeln würde. Wir sind im einundzwanzigsten Jahrhundert, und es gibt nur noch einige wenige, die nicht mit einem Computer umgehen können. Ich fragte mich, ob es sich überhaupt lohnte, diesen Kurs anzubieten. Aber weit gefehlt! Ich lag völlig falsch. Dieser Kurs war immer ausgebucht. Er umfasste Plätze für zehn bis zwölf Teilnehmer. Auch hier ließ der große Zustrom an Intellektuellen auf einiges schließen.

Die Chance, den gigantischen, phänomenalen Angeboten der Ergotherapie zu entkommen, war übrigens gleich null! Jeder Patient des Wasserschlösschens zur lockeren Schraube wurde mit offenen Armen in einer zur Ergotherapie gehörigen Gruppe aufgenommen. Es blieb dann nur noch eins übrig: das für sich kleinste Übel zu wählen.

Die Gruppen, außer dem Computerkurs, bestanden aus bis zu sieben Personen. Wobei man sagen muss, dass die Therapeuten wirklich sehr motiviert waren. Ja, sie waren wahrlich alle ausgesprochen nett und aufmerksam. Waren bemüht, den Patienten die Zeit der Therapie so angenehm wie möglich zu gestalten. Weil diese Gruppen nun so *beliebt* waren, wich man von dem Halbstundentakt ab und gewährte dem Patienten großzügig gleich eine Dreiviertelstunde Beschäftigungstherapie. Bisher hatte ich immer gedacht, dass diese Therapieformen nur in den Behindertenwerkstätten angeboten wurden. Ich wurde während meiner Zeit im Wasserschlösschen zur lockeren Schraube wie schon oft zuvor eines Besseren belehrt.

Auch wurden Einzeltherapien in dieser Gruppe angeboten. Doch ich wollte gar nicht wissen, wie diese Therapien aussahen.

Abgerundet wurde das vielfältige Angebot durch die autogenen Gruppenübungen. Die Teilnehmer konnten lernen, sich in ihrem Alltag bei auftretenden Stresssituationen fallen zu lassen. Zielsetzung war es, durch die Übungen zu lernen, seinem Alltag mental für ein paar Minuten zu entfliehen. Die Patienten lernten in dieser Gruppe die passenden Atem- und Entspannungsübungen, um zum Beispiel in das Land ihrer Träume zu reisen. Man sollte sich eine Insel, einen Sternenhimmel, was auch immer zur Entspannung beitrug vorstellen, und sodann begann *die Reise ins Ich.* Aber welche Schmach! Wie oft waren in einigen der autogenen Therapien die C-Männchen und Vollblutweibchen eingeschlafen! Erst als das laute Schnarchen der indisponierten Teilnehmer dem engagierten Therapeuten zu viel wurde, sprach er die Ertappten an und bat um *richtige Teilnahme.* Die Aufforderung des Psychoanalytikers zur Teilnahme hörte sich folgendermaßen an:

„Thorsten, ich möchte ja deinen Schlaf nicht unterbrechen, aber es wäre wirklich schade, wenn du dich um die Erfahrung bringst, die du aus meinem Kurs mitnehmen könntest, wenn du nicht eingeschlafen wärst. Bitte konzentriere dich und arbeite ab sofort aktiv mit. Die Gruppe wird es dir danken."

Na ja, dachte ich mir, wenn diese Ermahnungen erfolgten, *wer sagt dir denn, dass ich es ihm danke? Vielleicht bin ich ihm ja eher dankbar für diese kleine Unterbrechung deiner Stunde.*

Wenn man aber nun glaubte, dass es den Betroffenen peinlich gewesen wäre – weit gefehlt! Es war dem Anstand jegliche Möglichkeit genommen worden mit einzuziehen beziehungsweise dieser wurde von den meisten Unpässlichen an der Türschwelle der Gemäuer des Wasserschlösschens zur lockeren Schraube bei Einzug abgelegt. Es gab nur einige wenige Ausnahmen dieser nicht integren, der nicht richtungsweisenden, der korrekten, tadeligen, schamlosen Menschen. Wer immer nur auf die Moral, den Anstand, das gute Benehmen, auf die Rücksichtnahme seitens seiner Mitpatienten hoffte oder gar glaubte, dass es im Wasserschlösschen zur lockeren Schraube eine Gemeinschaft oder gar eine innere Verbundenheit gab, der war meiner Meinung nach komplett naiv oder völlig weltfremd. Um der ganzen Angebotsvielfalt gerecht zu werden, sollen die Therapieformen der Atemübungen, der Wirbelsäulengymnastik, der Kunsttherapie, des Qigong, der Muskelrelaxation nach Jacobson und der Körpererfahrung nicht unerwähnt bleiben. Die Schwerpunktgruppentherapie, die Einzeltherapie, das vielfältige Angebot der unterschiedlichen Sportgruppen und last, but not least die Themengruppen rundeten die Angebotsvielfalt ab.

Gruppenterror im Panikraum

Ungeachtet der vielen größeren und kleineren Probleme meiner Mitpatienten hatte ich, wie schon erwähnt, sehr ernste Schicksale zu hören bekommen. Eine Vielzahl der Schicksale hat mich sehr lange stark beschäftigt.

Zum Beispiel die Schicksale der politisch Verfolgten aus den Nicht-EU-Ländern, denen grausame Dinge in ihrer Heimat widerfahren waren. Diese Schicksale ereilten sowohl Mann als auch Frau. Völlig traumatisierte Männer und Frauen, die versuchten, das Erlebte zu verarbeiten, hatte ich im Wasserschlösschen zur lockeren Schraube kennengelernt. Ich hoffte insgeheim, dass diesen Traumatisierten mithilfe der Therapeuten geholfen werden konnte. Bei diesen schweren Schicksalen wurde mir bewusst, wie klein meine Probleme waren. Wobei sicherlich das eine Schicksal nicht mit dem anderen vergleichbar ist. Jeder hat seine eigene Wahrnehmung und seinen eigenen Leidensdruck.

Es ist schwer, sich die Patientenzusammensetzung vorzustellen. Schwerlich kann man als Außenstehender nachvollziehen, wie die Gruppentherapien in den Schwerpunktgruppen ausgesehen haben.

Die Teilnahme an den Sitzungen war im Übrigen auf mindestens eineinhalb Stunden festgelegt. Einige Male verweilten wir, mich eingeschlossen, gut zwei Stunden und länger in dem für uns vorgesehenen Gruppenraum. Und zwar bei einer wirklich sehr *ausgeklügelten, gelungenen* Mischung äußerst spezieller Erwachsener.

In den Genuss des Rudelfeelings kam ich während meines Aufenthalts viermal wöchentlich.

In unseren Sitzungen fingen Männer und Frauen häufig aus heiterem Himmel an zu weinen. Für diese *Heulsusen* stand für den Fall der Fälle immer eine gut gefüllte Box mit Zellstofftüchern bereit, die bei Bedarf zum Einsatz kam. Auch ich konnte einem solchen *Anfall* nicht immer entgehen.

Die Stimmung in der Gruppe war an manchen Tagen so gedrückt, dass ich mir an diesen Tagen dachte: *Wenn jetzt nicht langsam jemand für Frischluftzufuhr sorgt, möchte ich nicht wissen, was noch passieren wird …*

An anderen Tagen liefen einige Mitstreiter meines Trupps wie von der Tarantel gestochen aus dem Zimmer.

Einige wenige waren die ganze Zeit über still und in sich gekehrt. Andere wiederum hatten immer ein Lächeln im Gesicht.

Andere lachten ohne ersichtlichen Anlass dann und wann lauthals los.

Eine Mitpatientin aus meiner Schwerpunktgruppe verkündete der Gruppe in einer Sitzung:

„Ich habe große Probleme mit meiner Umwelt. Ich glaube, meine Umwelt nimmt mich nicht so wahr, wie ich tatsächlich bin."

„Was meinst du denn damit, Nicole?", fragte der Therapeut.

„Bitte sag uns doch genau, wo dein Problem liegt."

„Na ja", sagte Nicole. „Ich ecke überall an. Nach kurzer Zeit gehen all meine Bekanntschaften in die Brüche, und das nur, weil ich meinen Bekannten die Wahrheit sage. Ich sage ihnen immer, was ich meine. Ich sage meine Dinge, die mir an ihnen und an ihrem Verhalten auffallen. Dinge, die mir an ihnen nicht gefallen. Man wird ja wohl noch seine Meinung kundtun dürfen, ohne dass man dumm auffällt, oder?"

„Ich glaube, ich stehe auf der Leitung. Was willst du uns damit sagen?", fragte Henning verunsichert.

„Meinst du, dass du manchmal ein wenig über das Ziel hinausschießt?", meinte Ina.

„Ach was! Wie kommst du jetzt darauf? Nein, nein, ganz und gar nicht! Ich finde es einfach nur anstrengend, dass meine Umwelt nicht verstehen kann, dass meine Aussagen immer zutreffend sind und ihre nicht! Dass, wenn ich etwas sage, dies genau dem entspricht, was ich meine!"

„Willst du uns damit sagen, dass alle anderen falschliegen und nur du immer recht hast? Du die Dinge immer von der richtigen Seite siehst?", fragte ich Nicole irritiert.

„Puh, endlich versteht mich jemand! Ja, genau das meine ich. Ich bin wirklich die einzige, die wahrhaftige, die alleinige vollkommene Frau auf der Welt", sagte Nicole und schaute herausfordernd und offensiv in die Gruppenrunde. Sie meinte offensichtlich den ganzen Schrott, den ganzen Schund, den sie von sich gegeben hatte, ernst. Jeder der in dem Gruppenraum Anwesenden musste das Gesagte erst einmal verdauen beziehungsweise sacken lassen.

Nach einigen Minuten der Stille antwortete der Therapeut:

„Wie anstrengend von dir zu denken, dass alle anderen Menschen unvollkommen sind und nur du das einzig vollkommene Wesen auf diesem Planeten bist! Es ist nicht in Ordnung, sich nicht selbst infrage zu stellen und zu glauben, dass man immer alles richtig macht und die Fehler immer nur bei den anderen liegen. Mit deiner These kommst du selbstverständlich nie in die Verlegenheit, dich für deine Missetaten zu entschuldigen."

Ob man es glaubt oder nicht, der Therapeut hatte gerade seinen Satz beendet, da schoss Nicole, ohne ein Wort, ohne einen weiteren Blick an die Gruppe zu verschwenden, aus dem Gruppenraum. Sie wurde für meinen gesamten restlichen Aufenthalt in der Schwerpunktgruppe nicht wieder gesehen. Wie ich später erfuhr, war Nicole sofort zu ihrer Einzeltherapeutin gegangen und hatte sich über die *Frechheiten* des Gruppentherapeuten und die *gemeinen* Äußerungen der Gruppenmitglieder beklagt. Wie konnte er es auch wagen, ihr einen Spiegel vorzuhalten?

Sie gar vor der Gruppe vorzuführen?

Wie konnte es die Gruppe wagen, sie, die perfekte Frau, infrage zu stellen?

Das war Mobbing!

Nicole ließ sich dann in eine andere Gruppe eingliedern. Im Übrigen wechselte sie während ihres Aufenthalts im Institut für psychisch Erkrankte noch weitere vier Mal die Schwerpunktgruppen. Sie stieß dank ihrer schrägen Einstellung innerhalb der Gruppen immer wieder auf Widerstand.

Auch hatte man mir zugetragen – der Flurfunk klappte bestens – dass Nicole eine echte Hardcorelesbe war. Sie hasste tatsächlich jeden Mann schon aus der Ferne.

In einer von ihr gemachten Erfahrung in ihrem Leben mag wohl der Hund begraben sein, ging mir durch den Kopf. Ich versuchte mit meiner Vermutung Nicoles schräges Verhalten zu entschuldigen.

Etwas verwirrt war ich, als an einem der Schwerpunktgruppentherapietage der für uns zuständige Psychotherapeut verkündete:

„Ich kann heute nicht aktiv an dem Gruppengeschehen mitwirken."

Die Schwerpunktgruppentherapie fand an diesem Tag in einem dem Psychotherapeuten noch relativ fremden und ihm wenig vertrauten Raum statt.

„Sorry, doch der Teppich in diesem Raum macht mich komplett wuschig."

Ich dachte, ich hörte nicht richtig. Zunächst einmal lag von seiner Seite ein Missverständnis vor. Der Teppich war nämlich kein Teppich, sondern lediglich eine handelsübliche Auslegeware. Langer Rede kurzer Sinn: Besagte Sache würde ihn also wuschig machen. Ich verkniff mir das Lachen. Meine Neugierde war geweckt, und so googelte ich – nach dem Ende des

Gruppengrauens in meinem Zimmer angekommen – nach dem Begriff *wuschig.*

Die nachfolgenden Synonyme fand ich unter anderem für *wuschig* im Netz:

wollüstig, sexgierig, notgeil, rattig, scharf, spitz, willig, geil, feucht, sexbesessen. Zu seiner Ehrenrettung: Der Begriff *wuschig* steht im Duden für unruhig und verwirrt und sexuell erregt.

Zurück zum Therapeuten. Es war für jeden aus der Gruppe klar ersichtlich, wie das Sozialverhalten oder das Verhalten allgemein sich verändern konnte, wenn man jahrzehntelang als Psychologe in einer psychosomatischen Einrichtung tätig war. Der Schwerpunktgruppentherapeut war einer der Therapeuten, die schon am längsten in dem Wasserschlösschen zur lockeren Schraube tätig waren. Objektiv betrachtet zählte er schon zum Inventar. Ob sich an dieser Stelle das eine oder andere Vorurteil, das über die Angestellten einer psychosomatischen Einrichtung in der Bevölkerung kursiert, bestätigte?

An einem anderen Schwerpunktgruppentag erlebte ich dieses Gruppengespräch live mit: Ein männliches Gruppenmitglied jammerte darüber, dass er sich nicht trauen würde, seinem Zimmernachbarn die Meinung zu sagen. Och, der Arme! Dieses Gruppenmitglied war laut eigener Aussage ehemaliger Polizist, ehemaliger Soldat, derzeitiger Angestellter im öffentlichen Dienst und hatte ein sehr gestörtes Verhältnis zu seiner jetzigen Vorgesetzten. Er fand nicht, dass Frauen in Führungspositionen gehörten. Diese hatte seine Chefin seit kurzer Zeit inne. Dieser Umstand trug letztendlich dazu bei – mehr noch, er war einer der Anlässe – dass dieser unter starkem psychischen Druck stehende Mann nun in dem Wasserschlösschen zur lockeren Schraube einchecken musste. Ich war allerdings der Meinung, dass besagtes Gruppenmitglied wohl eher als Kind zu heiß gebadet hatte. Der Mann war geschätzte ein Meter fünfundachtzig groß. Er wog nach eigener Aussage einhundertfünfzig Kilo, war in der Mitte seines Lebens angekommen, war zweiundvierzig Jahre alt, war glatzköpfig rasiert, hatte ein auffälliges, aufgequollenes Gesicht. Ob Alkohol mit im Spiel war? Ich wusste es nicht. Es war lediglich meine Vermutung. Es ging mich auch gar nichts an. Dies war definitiv nicht meine Baustelle.

Dieser Mann hatte zumindest bezüglich seiner nicht vorhandenen Haarpracht morgens keine Probleme mehr, seine Frisur zu richten.

Er war immer auffällig gekleidet. Trug zu jeder Sitzung eine schwarze Jogginghose, Badelatschen, enge, kurzärmlige, figurbetonte schwarze T-Shirts und, dem Klischee gerecht werdend, noch eine schwarze Ballonjacke. Diese *geschmackvolle Zusammensetzung*, diese ungemein *attraktive* Kleidungszusammenstellung wählte er für die ganze Zeit meiner Anwesenheit im Wasserschlösschen zur lockeren Schraube. Ob er jemals seine Kluft wechselte, blieb sein gut gehütetes Geheimnis.

Bei ihm hatte ich tatsächlich immer das Gefühl: *Kurz vor zwölf schlägt es dreizehn.* Bei ihm bekam der Ausdruck „*deutsches Wertgut*“ eine ganz neue Farbe.

Ebendieser Mann behauptete nun von sich in einer Gruppensitzung, harmoniebedürftig zu sein. Benötigte in dem Gruppentherapietag den Rat der Gruppe. Hört, hört! Es vergingen fast eineinhalb Stunden mit gut gemeinten Ratschlägen meiner weiteren Gruppenmitglieder an ihn.

Na ja, wenn die sonstigen Gruppenmitglieder keine weiteren Probleme haben, ging es mir durch meinen Kopf, als die Therapiestunde nach einhundertfünfundvierzig Minuten endlich ihr von mir herbeigesehntes Ende fand.

Während einer anderen Sitzung an einem anderen Schwerpunktgruppenterrortag teilte ein Mann uns mit, dass er und seine Angehörigen angeblich auf einem Erbe von sage und schreibe minus siebenhunderttausend Euro sitzen geblieben waren. Sie wären kaum in der Lage, diese Schulden in ihrem Leben auszugleichen. Wie bitte bezahlt man einen Schuldenberg in Höhe von siebenhunderttausend Euro ab?

Wie glaubhaft war *das* denn?

Oder eine ganz andere Frage: Warum schlägt man ein Erbe mit einem Minus in dieser Größenordnung nicht aus?

Ich saß nachdenklich auf meinem Stuhl und schaute mir diesen Mann fragend an.

Tja, dachte ich so bei mir. *Das Leben ist halt konkret und verbindlich.*

Wenn die Ausführungen des Mitpatienten wirklich stimmten, was ich allerdings bezweifelte, hatte dieser arme Wicht offensichtlich sehr viel Pech in seinem bisherigen Leben gehabt. Der Mann, der den anderen Gruppenmitgliedern und mir dieses *Geheimnis* anvertraute, war ziemlich abgerissen. Er sparte nicht mit Schimpfwörtern und Schimpftiraden. Er hatte studiert. Betriebswirtschaft. Aha, ein gescheiterter Betriebswirt war er also! Rechnen hätte er ja können müssen. Der Mann hatte einige Jahre bei einer Zeitarbeitsfirma als Helfer im Lager gearbeitet, da es ihm seinerzeit nicht möglich war, in seinem Beruf als Betriebswirt Arbeit zu finden. Ich war ja eher der Meinung, dieser Mitpatient hatte zu viele Märchen gelesen. Oder gar zu viel Klebstoff geschnüffelt. Oder hatte er an diesem Tag noch keine Glückskekse gegessen? Keine bunten Smarties, keine Antidepressiva zu sich genommen? War eine meiner gehegten Vermutungen der Grund der vielen Ungereimtheiten?

In der Gruppentherapie meiner Schwerpunktgruppe saß den Sitzungen neben dem Therapeuten ein Arzt im Anerkennungsjahr bei. Dieser besaß an einem Gruppengrauentag doch tatsächlich die große Dreistigkeit, in der Gruppe über die miserablen Arbeitsbedingungen der Ärzte und Therapeuten zu jammern. Wirklich schade, dass er unsere Patientenakten zuvor nicht *studiert* hatte. Da hätte wohl jemand seine Hausaufgaben machen müssen. Die Patientenakten der Gruppenteilnehmer hätte er sich ruhig mal zur Hand nehmen können. Eventuell hätte es auch ausgereicht, wenn er in den vorangegangenen Gesprächen vernünftig zugehört hätte, bevor er sich aktiv in den Gesprächskreis einer so heiklen Gruppe einbringt. Sonst hätte er nämlich gewusst, dass ich in einer geplanten Operation durch eine völlige Fehleinschätzung sowie mangelnde Hygiene im OP, durch Schussligkeit und Oberflächlichkeit, durch die Auffassung seiner Berufsgruppe, Ärzte wären Halbgötter in Weiß, fast mein Leben, im späteren Verlauf dann, wie bereits erwähnt, fast mein rechtes Bein verloren hätte.

„Was ist der Typ doch für ein guter Medizinmann! Ein wahrlich einfühlsamer Heilkundiger. Bestimmt hat er eine ganz große Karriere in den heiligen Hallen dieser Institution vor sich. Der wird mit seinem *großen Einfühlungsvermögen* auf seiner Karriereleiter bestimmt ganz nach oben klettern“, sagte ich wutschnaubend einem Gruppenmitglied zu meiner Rechten.

Meine Gedanken schweiften ab. Ich hatte wochenlang, genau genommen ganze sechs Wochen, davon fünf Wochen stramm, mit einem externen Fixateur im Bett einer großen Klinik in der Landeshauptstadt Schleswig-Holsteins gelegen. Es war nur meinem nach der Operation weiterbehandelnden Arzt, seinem schnellen Eingreifen, seiner Überweisung in die Kieler Universitätsklinik sowie dem dortigen Ärzteteam unter der Leitung eines sehr guten Professors zu verdanken, dass ich noch *dabei* sein darf. Aber dennoch muss ich mich nun mit den verbleibenden Behinderungen und den vielen starken Einschränkungen für den Rest meines Lebens arrangieren. Ich muss immer wieder aufs Neue lernen, mich mit der völlig neuen Lebensweise und der umfassend anderen Lebenssituation anzufreunden.

Seit diesem Zeitpunkt habe ich tatsächlich nicht eine Nacht mehr durchgeschlafen. Bin gefangen in meinem eigenen Film. Der Titel dieses immer wiederkehrenden Films mit mir in der Hauptrolle lautet: „*Und täglich grüßt das Murmeltier*“. Jede Nacht gegen zwei Uhr morgens wache ich auf. Plus minus einiger weniger Minuten. Es ist völlig egal, wann ich mich zu Bett begebe. Mitternacht, früher, egal! Immer wache ich das erste Mal um zwei Uhr auf. Von da an geht es im Stundentakt weiter. Meine Schlafphasen sind dementsprechend kurz. Ich werde geplagt von unglaublichen Albträumen. Auf unerdenklich grausame Art und Weise finde ich in diesen meinen Tod. Nacht für Nacht. Die Ärzte und Therapeuten hatten seinerzeit in dem Sanatorium festgestellt, dass ich völlig traumatisiert bin. Nun denn. Jetzt saß ein in weiß gekleideter Schnösel mir direkt vis-à-vis und erwartete tatsächlich Mitleid von mir für seinen Berufsstand? Beziehungsweise von meinen nicht minder betroffenen Mitpatienten? Ganz abgesehen davon habe ich aufgrund dieses damaligen Vorkommnisses weitere körperliche Behinderungen davongetragen. Wie schon erwähnt, ist mein rechtes Bein für immer entstellt. Mein rechter Fuß ist für immer nicht so recht funktionsfähig. Auch ist es mir nie mehr möglich, mal eben einen Rock anzuziehen, ohne dass mir die neugierigen, fragenden Blicke der fremden Passanten gewiss sind. Ich muss zugeben, ich war nach dem Ende des Gruppengrauens ziemlich wütend und verließ fluchtartig, um nicht etwas Falsches zu sagen, den Raum des Schreckens.

Ich traf Renate auf einem der Flure der Institution und musste mir bei ihr erst einmal wutschnaubend mit folgenden Worten Luft machen:

„Stell dir vor, da sitzt ein junger, angehender Arzt, so ein arroganter Schnösel mit weißem Kittel unserem Gesprächskreis bei und jammert sich bei uns Patienten über die angeblich schlechten Arbeitsbedingungen seines Berufsstands aus.

Das darf ja wohl nicht wahr sein! Da hat wohl jemand seine Hausaufgaben nicht gemacht. Kommt zu uns in die Schwerpunktgruppe der Härtefälle und sieht sich nicht einmal die Akten der Gruppenteilnehmer an! Unter Umständen hätte es auch ausgereicht, wenn er mir bei unseren vorangegangenen Gesprächen zugehört hätte. Was für ein *guter* Arzt! Ein wirklich *sehr, sehr einfühlsamer* Mann. Bestimmt mit einer großen beruflichen Zukunft. Ich unterstelle ihm, dass er später einmal umsatzorientiert und immer an sein Wohl denkend seine Patienten *gut* beraten und *bestens* behandeln wird."

Schnaubte ich Renate immer noch wütend zu.

„Nun beruhige dich doch erst einmal. Komm, lass uns eine Tasse Kaffee trinken gehen. Du wirst sehen, dann sieht die Welt gleich ganz anders aus", gab Renate mir beruhigend zur Antwort.

„Na, wenn du meinst, dass dies jetzt eine gute Idee ist", grummelte ich in meinen imaginären Bart.

Renate duldete keine Widerrede, und wir schlenderten Arm in Arm nach draußen. Dem großen Areal war ein Café angeschlossen. In diesem konnte man zu überteuerten Preisen Kaffee und Kuchen genießen. Bisher hatten wir immer einen großen Bogen um dieses Café gemacht, aber heute war ein guter Tag, um die marode deutsche Wirtschaft anzukurbeln.

Tage später hatte ich wieder eine Erfahrung innerhalb der Kerngruppe machen dürfen. Nennen wir mein Erlebnis ruhig: Gruppenterror im Panikraum. Auf dieses hätte ich sehr gerne verzichtet! An diesem Tag hatte ich das *große Vergnügen,* feststellen zu dürfen, dass die ganz *wichtigen* Menschen auf diesem Planeten niemals aussterben. Der Therapeut meiner Gruppe war der Ansicht, dass man innerhalb unserer Gruppe nicht den ansonsten weitverbreiteten Gedanken *„Erst denken, dann sprechen"* anwenden sollte. Nein, nein. Man sollte seiner Meinung nach erst sprechen, dann denken. Was für eine große These! So eine Aussage führte meiner Meinung nach zu einem völligen Chaos innerhalb meines Gesprächskreises in der Schwerpunktgruppe. Einige Gruppenmitglieder hatten sich diesen wohlgemeinten, vermeintlich großartigen Vorschlag des Therapeuten gleich einverleibt und umgesetzt. Mehr noch, sie haben die Gelegenheit beim Schopf gepackt und einige Gruppenmitglieder auf Teufel komm raus beleidigt und angeprangert. Es war für mich sehr befremdlich, dass der Therapeut nicht in den verbalen Krieg eingriff. Ganz im Gegenteil. Als ein Gruppenmitglied verletzt und aufgewühlt den Raum verlassen wollte, hatte der Psychosomatiker sich *aufgeplustert* und das Gruppenmitglied letzten Endes zum Bleiben bewegt.

Auch hatte der Therapeut vertrauliche Informationen, die ihm ein Teammitglied während einer Einzelsitzung im Vertrauen zugetragen hatte, in der Runde der Gemeinschaft zum Besten gegeben. Ich wusste nicht, wie dies mit der ärztlichen Schweigepflicht und mit dem Datenschutz in Einklang zu bringen war. Der Vertrauensbruch war zumindest sehr gewöhnungsbedürftig für mich. Fühlte sich befremdlich und nicht gut an.

Ich weiß noch, dass ich aus dem Fenster sah und mir durch den Kopf ging: *Es ist wirklich traurig, dass man nach über fünfundzwanzig Dienstjahren in der psychosomatischen Therapie offensichtlich so abstumpft.*

Schade eigentlich. Statt zu helfen, wurden in dieser Gruppe durch das Verhalten dieses Psychologen nur neue Baustellen geschaffen. Ob sein Gebaren als Therapie wirklich produktiv, gar konstruktiv war, wagte ich sehr zu bezweifeln.

Seit nunmehr 1976 bin ich nonstop mit meinem Mann zusammen. Sicherlich hatten wir im Laufe der Zeit einige Hochs und Tiefs. Des Weiteren haben wir so manchen Sturm und auch den einen oder anderen Hurrikan überwunden. Jedoch behaupte ich aus meiner tiefsten Überzeugung heraus, wirklich glücklich mit meinem Mann zu sein. Wir sind ohne Unterbrechung seit 1980 miteinander verheiratet.

Er ist mein Freund, der Vater meiner beiden fantastischen Söhne, mein Liebhaber und mein Weggefährte. Mein Wegbegleiter. Ich bin nach all den Jahren immer noch gerne mit ihm zusammen. Bespreche meine Probleme, so ich welche habe, mit ihm und bin nach wie vor stolz auf ihn. Auch dann und wann noch immer eifersüchtig auf andere Frauen.

Ich bin einzig mit ihm zusammen, weil ich es möchte und ich mir ein Leben ohne ihn nicht vorstellen kann und auch nicht will. Daher stellte ich in einer Gruppensitzung tatsächlich meine kühne Behauptung auf, wirklich richtig und von ganzem Herzen glücklich in meiner Beziehung zu sein.

Es war üblich, sich beim ersten Zusammentreffen in der Schwerpunktgruppe vorzustellen. Also hatte ich bei meiner Vorstellung vor einigen Wochen innerhalb der Gruppe die *Frechheit* besessen, nach der Vorstellung meiner Person auch meinen Familienstand und das damit verbundene Glück zu erwähnen. Ich sagte der Gruppe wortwörtlich:

„Ich bin glücklich verheiratet und habe zwei gesunde Kinder."

Umgehend wurde ich sehr harsch von einem *Willi Wichtig* aus meiner Gruppe angefahren:

„Echt?", fragte Frank. „Ich stelle mir nunmehr die Frage, ob du wirklich glücklich bist. Gebe diese Frage jedoch gerne auch in die Runde weiter. Was meint ihr? Jetzt, da Bärbel sich vorgestellt hat und uns auch noch offiziell an ihrem Glück teilhaben lässt – könnt ihr euch das wirklich vorstellen? Immerhin musste sie dieses Glück ja in unserer Runde zum Besten geben."

„Sag mal, wie verpeilt muss man sein?", fragte ich ihn. Zu mehr war ich – aufgebracht, wie ich war – nicht in der Lage.

Ich schäumte vor Wut. Äußerlich blieb ich jedoch völlig ruhig. Doch innerlich sah es ganz anders aus. Ich brodelte wie ein Vulkan kurz vor seinem Ausbruch. Bei so viel Dreistigkeit blieb mir die Spucke weg. Ich war sprachlos. Wohlgemerkt, Frank hatte ich zu dem Zeitpunkt der Vorstellung das erste Mal gesehen. Er und ich hatten zuvor noch nie ein Wort miteinander gewechselt. Wo aber war jetzt der Therapeut, um entsprechend einzugreifen? Dieser saß unbeteiligt, mit dem Temperament eines erkalteten Reptils, auf seinem Stuhl und schien die Situation sichtlich zu genießen. Machte daher auch nicht die geringsten Anstalten, den Willi Wichtig in seine Schranken zu verweisen. Er ließ zu, dass Frank mich vor der Gruppe bloßstellte.

Es kam noch dicker! Frank, dieser überaus *wichtige* Mann, besaß doch tatsächlich die Frechheit, mich nach der Gruppensitzung abzufangen, um mit mir noch einmal über *alles* zu sprechen. Er wollte mich besser kennenlernen. Wollte sich jedoch auch für sein Verhalten während des Gruppenterrors entschuldigen. Er wäre wohl etwas über das Ziel hinausgeschossen.

Was für ein richtiger Willi Wichtig!, dachte ich in diesem Moment.

Dann trat Frank doch tatsächlich noch einmal nach. Er teilte mir doch tatsächlich blasiert und mit einer riesigen Portion Hochmut und einer Herablassung, einer Arroganz, die ihresgleichen sucht, mit, dass er sich von all seinen Gruppenmitgliedern ein Bild machen wolle, damit er diese besser einschätzen könne. So auch von mir. Frank unterstrich seine Worte mit großer Gestik und einer eindrucksvollen Mimik. Wie wichtig musste dieser Mann sein? *Wer oder was glaubte Frank denn zu sein, dass er sich anmaßte, sich über uns, seinen Mitpatienten, ein Bild machen zu dürfen?*, ging mir durch den

Kopf. Ich wollte wirklich nicht, dass sich ein Mitpatient von mir ein Bild machte. *Was bildet er sich eigentlich ein?*, dachte ich mir. Frank musste meiner Meinung nach mit seiner Arroganz, seinem blasierten Auftreten anderen Menschen gegenüber seine Minderwertigkeitskomplexe kompensieren. Mir schien, als müsste er seine Minderwertigkeitskomplexe nähren, indem er uns vorführte, uns diskreditierte, verhöhnte und verspottete.

Es folgten noch einige fürchterliche, außergewöhnliche, schauderhafte Auseinandersetzungen zwischen weiteren Gruppenmitgliedern doch auch zwischen weiteren Patienten und Angestellten des Wasserschlösschens zur lockeren Schraube und ebendiesem sehr wichtigen Mann: Frank alias Willi Wichtig.

Wie Frank später, als ich dies auch in einer Gruppensitzung hinterfragte, stockend und widerwillig zugab, war er über den zweiten Bildungsweg beziehungsweise nach etlichen Umschulungen und Weiterbildungen in den Sozialdienst gelangt. In diesem betreute er nunmehr schwer erziehbare Jugendliche.

Wen die Ämter so alles auf unsere Kinder loslassen!, ging mir damals durch den Kopf, als ich ihn prüfend ansah.

Wenn der zweite Frühling ruft

Ein weiterer Tag und nicht weniger *nette* Eindrücke.

Kaum war ich bei dem Kardiotraining in der Radsportgruppe angekommen, kamen auch schon meine Mitstreiter angetrottet. Unter anderem fanden sich zur sportlichen Runde ein: eine Eins-zu-eins-Kopie eines lockigen, großen deutschen Comedians mit ebenso großer Brille und Mundwerk. Darüber hinaus war gefühlt das halbe Seniorenheim, alte Supermachos, die sich noch immer nicht mit ihrem wirklichen Alter anfreunden konnten und sich bei der Vorstellung ihrer Person gut und gerne zehn bis fünfzehn Jahre jünger ausgaben, zum Fahrradfahren angetreten. Diese vom Leben mehr oder weniger gezeichneten Mitpatienten erweckten die Ansicht in mir, sie müssten in der Kur beziehungsweise während der Reha noch einmal ihre allerletzte Chance auf eine intime Zweisamkeit nutzen. Das Gefühl, jedes Mal könnte das letzte Mal sein, beflügelte diese Spezies offensichtlich! Dieser Tross alter Männer wollte es in den Gemäuern der Einrichtung noch einmal allen zeigen. Explizit den schönen Frauen. Sie, die Alten, waren noch nicht alt und auf dem Abstellgleis. Sie wollten die Frauenwelt im Wasserschlösschen zur lockeren Schraube, die ihnen mit diversen Vorurteilen entgegentrat, vom Gegenteil überzeugen! Das Wort *zeugen* meinten viele von ihnen durchaus ernst. Die gesetzten älteren Herren wollten ihr Vorhaben tatsächlich im wahrsten Sinne des Wortes umsetzen! Wobei ich denke, sie wollten nicht wirklich neues Leben zeugen, sondern nur beweisen, dass sie noch befähigt waren, ihren Mann zu stehen. Dass sie den Geschlechtsakt nach wie vor, zur vollen Zufriedenheit aller, bewältigen konnten.

Einige der umworbenen Frauen gaben nach Abbau ihrer Vorurteile dann und wann den älteren Herren durchaus eine

Chance. Doch bauten sie eine hohe Mauer an Würde um sich auf, um zu sehen, wie hoch die alten Männer noch springen konnten. Keine schlechte Taktik, fand ich und beobachtete das Geschehen interessiert.

Und dann war da noch das eine oder andere Erlebnis in der Radsportgruppe

Ich fuhr nun schon seit einer halben Stunde auf meinem Trimmrad, als an diesem Trainingstag unverfroren ein alter Mann von der rechten Hallenseite auf mich zugeschlendert kam und mir ohne Vorankündigung laut in mein Ohr blökte:

„Fahren Sie etwa nach Hause? In diesem Tempo müssten Sie es ja eigentlich gleich geschafft haben!"

Ich habe den Sport bisher immer so verstanden, dass ihn mehr oder weniger jeder gerne betreibt. Dies scheint wohl im Wasserschlösschen zur lockeren Schraube ein Verständnisproblem zu sein, dämmerte es mir.

Was ist jetzt dein Problem?, dachte ich, antwortete ihm jedoch höflich:

„Ich weiß jetzt gerade wirklich nicht, was Sie mir sagen wollen."

Ich vermutete, dass der arme Mann unter einem Hormonstau litt und rollig war. Dass er gar in der Brunft war. Legte dieser Wal auf dem Trockenen doch tatsächlich noch, einen nach.

„Na ja, so etwas wie Sie sieht man in den Räumen des Wasserschlösschens zur lockeren Schraube ja auch nicht jeden Tag."

Seine Feststellung sollte wohl ein Kompliment sein. Einige sprachlose Sekunden später antwortete ich ihm:

„Ihre Aussage verstehe ich jetzt einmal als Kompliment."

Gedacht habe ich allerdings: *Was für eine selten dämliche Anmache!*

Erwartungsvoll nahm ich an, dass er meine Ablehnung – vermittelt durch meine Gestik und Mimik – sowie meine ablehnende Körperhaltung – verstand. Ich hoffte sehr, dass ich nun vor diesem weit über Siebzigjährigen für die nächsten

Tage, hoffentlich für die restlichen Wochen meines weiteren Aufenthalts meine Ruhe haben würde. Leider war der Wunsch Vater des Gedankens und meine Zuversicht wurde zu Grabe getragen. Meine zum Himmel gesandten Gebete erfüllten sich nicht. Er, der bestimmt schon mit dem Pharao um die Häuser gezogen war, so zerfurcht und alt sah er aus kannte keine Gnade. Er hatte erkennbar Blut geleckt. Ihm war spürbar der Hauch des Lebens eingeflößt worden.

Schon am nächsten Tag wurde ich von demselben alten Mann erneut angesprochen und mit gierigen Blicken ausgezogen. Ich fühlte mich extrem unwohl in meiner Haut.

Merkst du nicht, dass ich nicht interessiert bin?, dachte ich mit einem bösen Blick in seine Richtung.

Ich stellte mir die Frage, warum er sich nicht eine Gespielin in seiner Altersklasse suchte. Um meinem Martyrium zu entkommen, sah ich nur einen Weg. Ich konzentrierte mich auf meinen Tretrhythmus beim Fahrradfahren und hörte auf meinem iPod über meine kleinen Kopfhörer ein deutsches Urgestein. Ein bekannter großer Comedian der ersten Stunde, der nicht müde wurde, mich ausreichend zu bespaßen, war an diesem glorreichen Tag mein Wegbegleiter. Bei dem versprühten Galgenhumor von Jürgen von der Lippe konnte ich völlig abschalten. Etliche Male lachte ich bei seinen Gags lauter, als man es bisher von mir gewohnt war. Vor Entzücken musste ich hin und wieder glucksen. Womit ich leider die Aufmerksamkeit der Sporttherapeutin auf mich zog. Es dauerte nicht lange, bis diese mich diesbezüglich auch ansprach:

„Na, haben Sie heute Ihren Spaß?"

So war es eben. Wir, die Patienten, waren nie unbeobachtet.

Big Brother was watching us.

Ein anderer Tag in meiner geliebten Fahrradsportgruppe. Bewegungsfreudig saß ich auf meinem Kardiotrainingsrad, als die Leiterin der sporttherapeutischen Abteilung wie von einer Tarantel gestochen hereinstürmte. Die Cheftherapeutin soll in ihren besten Jahren angeblich große sportliche Erfolge in der Bundesliga – bei welcher Sportart auch immer – erlangt haben. Sie versprühte beim Eintritt in jeden Raum eine große Arroganz, eine Überheblichkeit, eine unglaubliche Verbitterung.

Jeder Empathische spürte sofort: *Diese Person ist sehr, sehr unzufrieden mit sich, mit ihrer Umwelt, mit wahrscheinlich allem und jedem.* Die verbitterte Frau mittleren Alters erweckte bei mir den Eindruck, immer noch der guten alten Zeit nachzuhängen und um den Ruhm und den Glanz der vergangenen Tage zu trauern.

Doch kommen wir zurück zu dem besagten Sturmangriff. Die Cheftherapeutin lief also wie einst die schnellste Maus aus Mexiko, Speedy Gonzales, durch den gut besetzten Kardioraum. Rannte ohne Vorankündigung auf die bis dahin geschlossenen Fenster des Sportraumes zu. Riss die Fenster weit, bis zum Anschlag, auf. Ebenso schnell, wie sie gekommen war, ganz ohne Kommentar, ohne jeglichen Blickkontakt in Richtung der anwesenden Patienten, verließ sie den Trainingsraum. Der Spuk war vorbei. Es verstand sich bestimmt von selbst, dass sie beim Verlassen des Trainingsraumes die Tür nicht wieder hinter sich schloss. Die Cheftherapeutin ließ nach ihrem großen Auftritt die gesamten Teilnehmer des Kurses eiskalt im Durchzug sitzen. Nett wäre es doch gewesen, wenn die frischluftbesessene Therapeutin, als sie zu einer Kontrolle in den Sportraum stürmte und bemerkte, dass der vorhandene Sauerstoffgehalt in absehbarer Zeit nicht mehr für alle Anwesenden ausreichen würde, es sogar wahrscheinlich war, dass es zu einem Engpass der O2-Versorgung kommen würde, vielleicht auch, dass das vorhandene Klima nicht mehr ganz taufrisch war, die anwesenden *Hochleistungssportler* gefragt hätte, ob sie für eine Prise Frischluftzufuhr sorgen dürfte. Nach einer bejahenden Antwort hätte sie ein- oder auch zwei Fenster gerne einen Spaltbreit öffnen dürfen. Von mir aus auch die weiteren drei Fenster. Doch was war diese Cheftherapeutin für eine ausgesprochen *große Diplomatin*! Was für ein wahres Schätzchen! Viele der Teilnehmer waren zu diesem Zeitpunkt bereits nass geschwitzt und hätten sich schnell eine Erkältung zuziehen können, wenn die anwesende Therapeutin nicht geistesgegenwärtig aufgesprungen wäre und sofort die weit aufgerissenen Fenster, fünf Stück an der Zahl, sowie die Eingangstür wieder umgehend geschlossen hätte.

Es ist gar nicht leicht, mit Würde alt zu werden und seinen Platz auf dem einen oder anderen Treppchen einer jüngeren Sportlerin zu überlassen, ging es mir bei meinem Rückblick über das schräge Verhalten der Leiterin der Sporttherapeuten gegenüber uns, den Patienten, durch den Kopf. Die Cheftherapeutin hätte sich bestimmt keinen Zacken aus der Krone gebrochen, wenn sie die anwesenden Patienten mit dem ihnen zustehenden Respekt und Anstand, sprich auf Augenhöhe, begegnet wäre.

Was macht dich zu einem besseren Menschen? Warum glaubst du, etwas Besseres zu sein? Mein liebes Fräulein, welche Laus mag dir wohl über die Leber gelaufen sein?, ging mir bei ihrem Gehabe durch den Kopf. Die Leiterin der Sporttherapeuten war, wie ich hin und wieder bemerkte, auch in ihrem Kollegenkreis *sehr beliebt*. Die anderen Therapeuten zitterten jedes Mal, wenn sie ihr begegneten, und verstummten, falls sie vorher eine Unterhaltung geführt hatten. Was aus meiner Sicht kein Wunder war.

Der tägliche Überlebenskampf im Speisesaal!

In den Speisesälen hatte man gut eine halbe Stunde Zeit, sein Essen einzunehmen. Man stelle sich circa einhundertsiebzig Menschen vor, die bei jeder Mahlzeit glaubten, dass es sich um ihre letzte Mahlzeit handeln würde. Diesen Eindruck erweckte jedenfalls jedes Mal das Bild in mir, dass sich uns Patienten in den beiden Essenssälen in dem Wasserschlösschen zur lockeren Schraube in Bad Kleeblatt bot. Meine Mitpatienten und ich fanden am Morgen, am Mittag und am Abend eines jeden Tages unseres Aufenthalts im Wasserschlösschen zur lockeren Schraube ein mehr oder weniger gut gefülltes Büfett vor. Die Vorstellung, sich bei zwei von drei angebotenen Mahlzeiten am Büfett bedienen zu dürfen, hörte sich beim Einchecken fantastisch an, stellte sich jedoch im Verlauf der Reha als wahre Herausforderung dar. Zum Beispiel stand ich an einem Morgen in der Schlange zum Brötchenholen an und schwups!, langte von hinten rechts, durch die Schlange hindurch, der Arm einer Mitpatientin an mir vorbei und landete vor mir auf dem Büfetttresen. Die Hand lag in einem großen Brötchenkorb, der vor mir stand, und grabbelte selbstverständlich, ohne von der Zange Gebrauch zu machen, die beiden letzten dort befindlichen Brötchen heraus. Die im Brötchenkorb befindliche Zange wurde von meiner hungrigen Mitpatientin offensichtlich nur als Dekoration wahrgenommen. Aber fairerweise muss ich sagen, um diese ordnungsgemäß zum Einsatz bringen zu können, hätte sich die dreiste, gefräßige Mitpatientin, genau wie alle weiteren Mitpatienten inklusive meiner Person, an die Schlange der Hungernden ans Ende, ganz weit hinten, anstellen müssen.

Statt Brötchen blieb mir nur trauriger Blick in einen leeren Brötchenkorb. Wir Schmachtenden konnten nur hoffen, dass die Servicekräfte Mitleid mit uns hatten und die Brötchenkörbe erneut auffüllten. Ansonsten blieb uns nur eins: Wie an anderen Tagen, an denen es keine Brötchen mehr für uns gab, musste ich mit Müsli oder Obst vorliebnehmen.

Abends aß ich sehr gerne einen Salat von der Salatbar. Just an diesem Abend stand ich mal wieder in der Schlange der Hungernden an, als ich ein Déjà-vu-Erlebnis hatte. Auch diesmal kam prompt von hinten eine mir unbekannte Hand durch die Dichte der Schlange hindurch. Griff nach einer weißen Schöpfkelle, die in einem Behältnis mit Dressing vor mir auf dem Büfettresen stand. Das Dressing ergoss sich bei der unsachgemäßen Entnahme statt über das gewünschte Objekt – mutmaßlich Salat – unglücklicherweise komplett über meinen rechten Blusenärmel.

Wenn man aber jetzt dachte, es erfolgte eine Entschuldigung seitens des Täters … weit gefehlt! Weder dafür, dass man sich nicht wie andere in der Schlange hinten anstellte, nicht wartete, bis man an der Reihe war, noch dafür, dass man den Blusenärmel einer Mitpatientin mit Dressing bekleckert hatte. Von Reue keine Spur. Ich hatte ja im Weg gestanden und war somit an dieser Misere selbst schuld. Ich hätte ja dem *netten jungen Mann* nur Platz machen müssen. Die dreiste Aktion erforderte ganz klar eine Gegenreaktion meinerseits. Ich wusste nur noch nicht, wie und wo. Doch auch wenn das Areal groß war, lief man sich im Wasserschlösschen zur lockeren Schraube immer mehr als einmal über den Weg.

Guten Manieren wird sowieso viel zu viel Bedeutung beigemessen. Eine Aussage, die im Wasserschlösschen zur lockeren Schraube nahezu täglich ihre Bestätigung fand.

An manchen Tagen hätte ich aufgrund der Leere in meinem Magen sogar eine ganze Kuh verputzen können. Wenn man nicht ganz pünktlich zum Essen erschien – es reichten ungelogen schon einige wenige Minuten späteres Erscheinen aus –, konnte Mann oder Frau das Pech haben, dass das Büfett schon abgegrast war.

Wie sehr sehnte ich mich in diesen Momenten des Kahlschlags durch meine Mitpatienten nach meinem Zuhause! Mir ging in diesen Momenten der schweren Desillusionierung frustriert durch den Kopf:

Zu Hause könnte ich jetzt an meinen Kühlschrank gehen. Wann immer ich wollte, könnte ich essen, was mir schmeckte – und das Beste: ich brauchte keine Angst haben, dass man mir das Essen vor der Nase wegschnappen würde. Keiner würde mich mit Essen bekleckern. Keine Aasgeier flögen um die Braten. Keine Hyänen warteten auf ihren Auftritt.

Schon mal was von Knigge gehört?

Zum Abendessen zog man sich um. Offensichtlich galt dabei: weniger ist mehr. Fünfzig- bis sechzigjährige Frauen trugen die Kleidung, die sie offensichtlich mit ihren achtzehn bis fünfundzwanzig Jahre jungen Töchtern getauscht hatten. Männer trugen ihre Hosen unterhalb des Bauchs und die Pullover oder T-Shirts gerne auch *sehr körpernah*, wie es so schön im Volksmund heißt. Häufig saß die Kleidung meiner Mitpatienten *chic* figurbetont. Viele meiner Leidensgenossen zeigten, dass *guter Geschmack* wirklich im Auge des Betrachters liegt. Bei dem einen oder anderen Anblick konnte einem glatt der Appetit vergehen.

Eines Abends saß ich mit meinen gesamten Tischnachbarn – wir waren acht Personen – an unserem Tisch. Ich unterhielt mich angeregt mit meinem mir direkt gegenübersitzenden Tischnachbarn Holger. Bei diesem war ich mir ziemlich sicher, dass er verstand, was ich ihm sagte. Auch er nahm, soweit mir bekannt war, keine fröhlich machenden Medikamente, keine bewusstseinsverändernden Psychopharmaka, ein. Er war wie Renate und ich clean. Jedenfalls soweit mir bekannt war. Holger stand kurz vor dem Renteneintrittsalter. Er hatte einzig in den Räumen des Gemäuers Einzug gehalten, da er dies zuvor mit seiner Firma abgesprochen hatte. Holger wollte in den wohlverdienten Vorruhestand gehen und benötigte vorher noch eine sogenannte Auszeit. Er hatte viele Jahre gemeinsam mit seiner Frau seine demente Mutter und, als diese verstarb, im Anschluss seine Schwiegermutter gepflegt. Seine Akkus waren so leer, dass seine Batterien deutlich länger als normal benötigten, um die ehemals vorhandene Kapazität seiner Leistungskraft wiederzuerlangen. Sprich, Holger stand kurz vor einem Burn-out.

Ich hatte das *große Vergnügen,* meiner Tischnachbarin Ute schräg vis-à-vis zu sitzen. Plötzlich sprang Ute ohne die geringste Vorankündigung, abrupt, wortlos, kopflos, vom Tisch auf und stürmte schnellen Schrittes aus dem großen Essenssaal. Doch nur, um nach einer gewissen Zeit mit irgendetwas in der Hand an unseren Tisch zurückzukehren. Sie raste einmal um unseren Tisch direkt auf mich zu, um mir einen circa siebzig Zentimeter großen Teddybären zu zeigen. Ich war irritiert von Utes schrägem Verhalten, ließ mir jedoch meine Verblüffung nicht anmerken und bewunderte freundlich ihr Mitbringsel.

Wie grotesk ist es, wenn eine Mittfünfzigerin wie von der Tarantel gestochen von dem gemeinsamen Essenstisch ohne das geringste Anzeichen während eines Gesprächs von ihrem Stuhl aufspringt, aus dem Essenssaal läuft und circa zwanzig Minuten später mit einem Teddybären in der Hand an den gemeinsamen Tisch zurückkehrt?! Sodann das abgewetzte Plüschtier freudestrahlend einer Mitpatientin entgegenhält, es ihr namentlich vorstellt und ihr den abgegriffenen Teddybären als ihren ständigen Wegbegleiter präsentiert?

Kluge Pfeffersäcke

In der näheren Umgebung des Wasserschlösschens zur lockeren Schraube liegt das Dorf Bad Kleeblatt. Dieses ließ sich in circa zehn Gehminuten bequem vom Schloss aus erreichen. Es war kein Wunder, dass eine ganze Menge ausgefuchster Geschäftsleute sich gerne der Patienten des Wasserschlösschens zur lockeren Schraube annahmen. Überall im Umkreis von circa zwei Kilometern fand man spirituelle Läden, in denen unter anderem Engel, Amulette, Kreuze, Pendel, Klangschalen, ätherische Öle, Räucherstäbchen, Weihrauch und Bücher über die Riten und Zeremonien der Magie verkauft wurden. Diverse Kurse wurden angeboten, damit sich die Käufer der oben genannten Waren in der Welt der Spiritualität besser zurechtfinden konnten. Ferner gab es Läden, in denen Tarotkarten gelegt wurden. Auch konnte man sich bei diversen Wahrsagern die Zukunft vorhersagen lassen. Es gab ein mannigfaches Angebot an Lebensberatern, Wünschelrutengängern, Geistheilern, Jenseitskontaktern, Feng-Shui-Beratern, esoterischen Berufsberatern und anderen, sehr erfolgreichen Kaufleuten.

Aber auch für die Handarbeitsbienen gab es die passenden Läden dicht an dicht. In diesen verkauften viele Ladeninhaber an die emsigen Handarbeiterinnen und Handarbeiter Wolle, Stoffe, Stickgarne und natürlich die passenden Hilfsmittel. Als da unter anderem waren: Stricknadeln, Sticknadeln, Häkelnadeln und so weiter. Diese rundeten das mannigfaltige Warensortiment ab. Selbstverständlich hatten auch diese Läden die entsprechenden Kurse im Angebot, zum Beispiel Strickkurse, Nähkurse, Häkelkurse. Die angebotenen Kurse wechselten wöchentlich.

Die Zugangsstraße zum Wasserschlösschen zur lockeren Schraube und die nahe Umgebung erinnerten mich an einen türkischen Basar. Ich bin ein Jahr zuvor in Istanbul gewesen. Der große Basar in Istanbul war vergleichbar mit den im Ort feilgebotenen Warenangeboten. Billige Waren wurden in den Gassen zu weit überteuerten Preisen verkauft.

Zu bedenken ist: *Auf dem Marktplatz der freien Marktwirtschaft gilt eben auch das Gesetz der freien Marktwirtschaft.*

Das Bruttosozialprodukt wurde in dem Ort Bad Kleeblatt durch die Patienten des Wasserschlösschens zur lockeren Schraube definitiv gesteigert. Kollektiv wurde in der Einrichtung nahezu täglich gependelt, gestrickt, gestickt, gehäkelt. Es wurden unzählige Tarotkarten gelegt und sich gegenseitig die Zukunft vorhergesagt!

Auch nett war die Idee einiger ganz intelligenter Patientinnen, sich die Abendstunden mit Räucherstäbchen zu versüßen. Das Gekaufte musste ja zur Anwendung kommen. Nur schlecht, dass sich in den jeweiligen Räumen Rauchmelder befanden …

Wenn jemand sich der Welt der Spiritualität jedoch verweigerte, war dieser Tatbestand für den gewieften Handelsvertreter auch kein Problem. Die geschäftstüchtigen Anbieter fanden einen entsprechenden, nicht weniger lukrativen Geschäftsbereich: den der Schönheit und der Gesundheit. Die Kosmetikerinnen, die Masseure und die Physiotherapeuten öffneten zuhauf ihre Türen und Tore! Im Ortskern Bad Kleeblatts mochte es wohl jeweils circa zwanzig bis dreißig Praxen geben. Zugegeben, diese Praxen machten unverschämt gute Angebote. Ebenfalls im Zentrum des Ortskerns witterten die Pizzerien, Weinläden, Konditoreien oder auch die Restaurants mit der guten deutschen als auch mit der asiatischen, italienischen, kroatischen, türkischen Küche ein gutes Geschäft. Dieses Gewusel erinnerte mich an meinen Besuch in der Drosselgasse in Rüdesheim am Rhein.

Die im Ortszentrum von Bad Kleeblatt ansässigen Gastronomen hatten aufgrund der an unglaublich vielen Tagen vorherrschenden Leere an den Büfetts im Institut für psychosomatisch Erkrankte und der daraus resultierenden Hungersnot, das ganze Jahr über Hochkonjunktur. Bei all jenen ortsansässigen Gastwirten, Schankwirten, Pizzabäckern, Dönerbuden, Pommesbuden boomte das Geschäft mit den Hungernden und Dürstenden zu weit überteuerten Preisen. Aufgrund der hohen Dichte an Patienten, gemessen an der Einwohnerzahl des kleinen Dorfes – auf circa sechzig Einwohner kamen im Schnitt bestimmt drei bis vier Patienten – war dies wohl ein Geschäft, das blühte. Kein Wunder also, dass vor nicht wenigen Läden richtig fette, protzige Nobelkarossen deutscher Automobilluxushersteller standen, deren Eigentümer wohl die Ladenbesitzer selbst waren. Respekt! Mies fand ich nur, dass mit der Krankheit vieler Patienten und ihren Ängsten, Sorgen und Nöten völlig skrupellos Geld gemacht wurde.

Die Verlockungen der Wildnis

Die Patienten des Wasserschlösschens zur lockeren Schraube hatten die Möglichkeit, die Seenlandschaft des angrenzenden, auf das Schlösschen zulaufenden Sees zu nutzen. So durften sie zum Beispiel um den See herumlaufen, um diesen herumjoggen, in diesem schwimmen oder auch nur an diesem spazieren gehen. Wie gewünscht oder gewollt. Wie sollte es anders sein, auch in diesem wunderschönen Idyll gab es wieder pfiffige Geschäftsleute. Es wurden Massen an Tretbooten in wirklich allen Formen und Farben vermietet. Es gab zum Beispiel den Schwan, das *normale* Tretboot, die Ente, das Auto und noch etliche Tretbootfiguren mehr. Drei relativ große Cafés luden am Ufer des Sees zum Verweilen ein. An sonnigen Tagen waren diese Cafés Goldgruben. Selbst eine sogenannte Badeanstalt fand man am See, und das, obwohl der See von allen Seiten kostenfrei betreten werden konnte und es etliche Stellen gab, an denen Sand angeschüttet worden war. An diesen Stellen war das Baden natürlich kostenfrei.

Leider wurde das Badeangebot viel zu oft von Mitpatienten genutzt, die man gar nicht in der Badehose oder im Badeanzug und schon gar nicht im Bikini sehen wollte. Es waren in dem stehenden Gewässer die Mitpatienten und auch die Mitpatientinnen am Schwimmen, die schon die Schwimmhalle im Wasserschlösschen zur lockeren Schraube bei bedecktem Himmel und schlechtem Wetter für sich einnahmen.

Völlig schmerzfrei zeigten diese XXL-Schwimmer und XXL-Schwimmerinnen bei Guter-Laune-Sonnenwetter ihre ganze fleischliche Leibesfülle in Bademoden, die für XS-Männchen und XS-Weibchen gefertigt worden waren. (*Das Leben ist eben kein Wunschkonzert. Bilder, fort aus meinem Kopf!*)

Der See war nicht groß. Eine komplette Umrundung des Sees per Landgang konnte bei normaler Schrittgeschwindigkeit von einem physisch gesunden Erwachsenen im mittleren Alter in einer vollen Zeitstunde gut bewältigt werden. Was jedoch wirklich *sehenswert* war, waren in dieser wunderschönen Natur die vielen, nennen wir sie mal höflich, *Naturereignisse.* Der See war an einem nahen Waldstück gelegen. Alles, was sich nun im Wasserschlösschen zur lockeren Schraube in Bad Kleeblatt zur Zweisamkeit gefunden hatte, nutzte bei gutem Wetter die Lage des großen Sees zu diversen Erkundungstouren und zum näheren Kennenlernen. Es wurde gepimpert, was die fleischliche Hülle hergab und aushielt. Es wurde am Seeufer so mancher Hormonstau abgebaut. Ganz ungelogen wurde in der näheren Umgebung des Wasserschlösschens zur lockeren Schraube kollektiv gestöhnt und gejault. Da der See beziehungsweise das ganze Grundstück der Gemeinde gehört, hatte die Rehaeinrichtung keine Möglichkeit, diesen Rudelbeischlaf zu unterbinden.

Andere Länder, andere Sitten

Es gab noch die mittelgroße Gruppe der aus Vorderasien beziehungsweise den Arabischen Halbinseln kommenden Mitpatienten. Die Mitmenschen aus dieser Region hätten unterschiedlicher nicht sein können. Wirklich sehr, sehr hübsche Frauen ohne Kopftuch waren ebenso vertreten wie junge und alte, dicke und dünne strenggläubige Kopftuchträgerinnen. Alte und junge Männer, der eine mehr, der andere weniger religiös.

Festzustellen war, dass auf diese Männer und Frauen sehr viel Rücksicht genommen wurde, da eine ganze Menge dieser Leidenden gar nicht oder wenig bis hin zu gut Deutsch sprechen konnten. Für diese Mitpatienten, die aus dem Raum Vorderasien (Richtung Nordafrika) kamen, wurden extra Therapeuten, aber auch Übersetzer in der Institution beschäftigt, die aus ebendieser Region kamen beziehungsweise arabische Wurzeln hatten und in Deutschland geboren waren. Die in der Institution beschäftigten Dolmetscher sprachen und verstanden die Muttersprache ihrer Eltern oder Großeltern. Somit wurde auch den Männern und Frauen eine Verständigung ermöglicht, die sonst wenig bis gar nicht in der Lage gewesen wären, sich zu verständigen.

Völlig schräg war jedoch, dass einige Ehemänner der Frauen, die sich im Wasserschlösschen zur lockeren Schraube eingecheckt hatten, über den gesamten Tag – nicht weniger als zwölf Stunden – auch in den Aufenthaltsräumen der Patienten anzutreffen waren. Die besagten Ehemänner mussten sich wohl in der Umgebung eingemietet haben und *bespaßten* ihre Frauen sodann tagsüber.

Alleine, ohne Mann, waren diese Mitpatientinnen einzig am späten Abend anzutreffen. Was wohl den Hintergrund hatte, dass die Klinik um zwanzig Uhr Tür und Tor schloss. Sprich, die Ein- oder Ausgänge nur noch über den Haupteingang zu betreten waren.

Partner der Patienten des Wasserschlösschens mussten zur Übernachtung in den Räumen des anderen eine Übernachtungspauschale in nicht unerheblicher Höhe entrichten. Da war es offensichtlich günstiger, sich ein Zimmer in der Pension um die Ecke zu nehmen.

Eine Frage, die ich mir anfangs oft stellte, war, warum so viele Frauen und Männer aus Syrien, dem Irak oder dem Iran, doch auch aus Albanien und Libyen in einer psychosomatischen deutschen Einrichtung Einzug hielten. Beziehungsweise verhältnismäßig viele Menschen aus der Region der Anatolischen Platte, die im Norden und Osten an die Eurasische Platte, im Süden an die Arabische Platte und im Südwesten an die Afrikanische Platte grenzte, in Bad Kleeblatt einmarschierten. Mehr noch, sich sogar als voll zahlende Gäste in dem Wasserschlösschen zur lockeren Schraube einquartierten. Später wurde mir diese Frage in der Schwerpunktgruppe beantwortet.

Einige der anwesenden Patienten aus diesen Breitengraden unserer Erde waren politisch verfolgte Flüchtlinge oder waren auf der Flucht vor dem Krieg, der in ihren Ländern herrschte oder waren in den Gefängnissen vor- und/oder während ihrer Flucht schwer missbraucht, misshandelt und gefoltert worden. Nun, in Sicherheit, völlig traumatisiert, versuchten sie die grausamen Erlebnisse, die ihnen in ihren Heimatorten widerfahren waren, in dem Wasserschlösschen zur lockeren Schraube mithilfe der Therapeuten zu verarbeiten.

Was ferner gut zu beobachten war, war, dass auf den von der Gruppe der muslimischen Mitpatienten regelmäßig eingenommenen Sitzgelegenheiten der Schlossmauern Männer von Frauen getrennt saßen. Jedes Geschlecht bezog *seine* Ecke. Auch war es interessant zu sehen, dass die Geschlechter getrennt ihren Hobbys nachgingen. Die Frauen ordneten sich den Männern zum großen Teil unter. Das *Herdenverhalten* von uns Homo sapiens sapiens (uns heute lebenden, modernen und weltoffenen Menschen) war gut zu erkennen. Bei diesem Anblick ging mir durch den Kopf, natürlich ganz ohne jegliche Vorurteile: *Back to the roots.*

Einige wenige Patienten aus diesem Kulturkreis waren offen und hatten Kontakte zu anderen Mitpatienten. Die meisten allerdings blieben unter sich. Schotteten sich komplett ab. So viel zum Thema Immigration, Integration und Anpassung.

Ein anderes Thema war die von mir bereits genannte Stellung der Frau. Das Thema Emanzipation. Die Gleichstellung der Frau. Klar erkennbar waren die Männer aus diesen Breitengraden der Meinung, was sich seit circa fünftausend Jahren bewährt hat, nämlich die Emanzipation des Mannes, sollte und musste auch in der Gegenwart nicht geändert werden. Emanzipation der Frauen? Nein danke! Diese wurde offenkundig dankend abgelehnt.

Schade eigentlich. Denn die genannten Männer und Frauen waren sehr nett. Nur untereinander benahmen sie sich für uns Europäer gewöhnungsbedürftig.

Meinen Mitpatienten und Mitpatientinnen als auch mir gegenüber haben sich die Männer und Frauen aus den sonnigen, in der Nähe von Afrika gelegenen Ländern immer loyal und zuvorkommend verhalten. Ja, sie waren sogar außerordentlich hilfsbereit und freundlich. Selbstverständlich sah man die Frauen aus diesen Breitengraden nie in der Sauna und nur einige wenige in der Schwimmhalle.

Renate und ich unterhielten uns wenige Tage vor meiner Abreise über die – im Vergleich zu uns Europäer – völlig verschiedene Weltanschauung der islamischen Länder und das ganz andere Frauenbild der Muslime. Auch diskutierten wir über die Scharia und ihre für uns westlichen Länder barbarisch empfundene Ausrichtung. Doch bei näherem Miteinander hätte man bestimmt viel voneinander lernen können. Unsere Erkenntnis lautete: *Eine Bekanntschaft oder gar Freundschaft mit Frauen oder Männern aus dem vorderasiatischen Teil der Erde wäre bestimmt bombastisch schön.*

Neue Kinder braucht das Land

Renate und ich verfolgten an vielen Tagen mit großem Interesse die Ankünfte der Mütter mit ihren Kindern. Unseren künftigen Rentenzahlern und späteren Rentnern. Für diese Gruppe gab es in der Institution extra einen Kinderhort. Damit die leidenden Mütter die Therapieanwendungen und Gruppenbesuche ohne das Gequake ihrer Kinder, ohne das laute Geschrei nach Zuwendung und nach Aufmerksamkeit, ganz in Ruhe in Anspruch nehmen konnten.

„Kinder sind die schönste, aber auch die größte Herausforderung auf unserem Planeten. Du möchtest sie, wenn du welche bekommen hast, nie wieder missen. Haben deine Kinder einmal das Licht der Welt erblickt, wirst du sie nie wieder los. Du kannst ja nicht zu ihnen sagen: Geh wieder dahin zurück, wo du herkommst. Du musst schon nehmen, was du ‚bestellt' hast. Es gibt keine Garantie, keine Rücktrittsklausel, keine Reklamationsmöglichkeit. Im Übrigen kosten die kleinen Nachkommen exorbitant viel Geld und nehmen einen Großteil deiner Lebenszeit ein. Wer selbst in der glücklichen Situation ist, Kinder zu haben, weiß, wovon wir beide hier sprechen", sagte Renate zu mir, als wir auf unserem Weg zu einer unserer Physioanwendungen den Tross der ankommenden Muttis vor dem Anmeldebüro sitzen sahen. Bei einigen Mamas und deren Umgang mit ihren Wonneproppen hatte ich bei genauerer Betrachtung wirklich den Eindruck, dass die Mütter dies vorher nicht gewusst hatten. Hätte ihnen ja auch einmal jemand vorher sagen können.

Renate stellte weiterhin im Vorbeigehen fest, dass sich etliche der Anwesenden gut hörbar mit der Mutterrolle überfordert fühlten. Viele der Mütter brüllten ihre kleinen Nachkommen ohne Scham, völlig respektlos, lauthals an. Wir kamen gerade aus einer Anwendung, als Renate mir zuraunte:

„Ich sollte unterbinden, dass völlig überforderte Mütter ihre Sprösslinge anbrüllen. Ich sollte diesen komplett überforderten Frauen eine Predigt mit folgendem Wortlaut halten:

‚Liebe Mamas, dies ist ein Pakt auf Lebenszeit, den ihr wissentlich eingegangen seid. Es ist davon auszugehen, dass ihr bei der Zeugung eurer Kinder dabei wart. Oder handelt es sich bei der Entstehung eurer Dreikäsehochs um eine unbefleckte Empfängnis? Da ihr ja nun auch gemerkt habt, dass eure kleinen Racker all eure Aufmerksamkeit und Liebe benötigen, müssen sich ja nicht gleich einige von euch in gewaltbereite Mütter verwandeln.‘ Was meinst du?“ Renate sah mich mit großen Augen an.

„Das ist gut“, entgegnete ich Renate zustimmend.

Ebendiese Gruppe von offensichtlich Andersartigen hatte das Vergnügen, ihre Mahlzeiten in einem kuscheligen kleinen Extraraum einnehmen zu dürfen. Ich glaubte nicht, dass man damit wirklich die Mütter entlasten wollte. Vielmehr vermutete ich, dass man alle anderen Patienten vor der Masse an Kindern von null Jahren bis zum Grundschulalter *schützen* wollte.

Die kleinen Schätze machten Lärm und waren unruhig. Ja, mir kam ferner in den Sinn, dass man Angst vor Konfrontationen hatte. Die lütten Bälger waren schonungslos ehrlich und trugen ihre Herzen gerne auf der Zunge. Ich fand es für mich befremdlich, dass sich so viele junge Frauen mit ihrem eigenen Fleisch und Blut in dem Wasserschlösschen zur lockeren Schraube einfanden.

Im Übrigen hatte ich während der Zeit meines Aufenthalts nie einen Mann mit seinem Nachwuchs als Patient im Schlösschen gesehen. Sollte mich dies nachdenklich stimmen? Sowohl die Frauen als auch deren Nachkommen, diese noch viel mehr, taten mir unendlich leid. Warum nur hatten diese Mutterherzen, diese kranken Mutterseelen, keine Unterstützung seitens der Familie?

Ihrer Männer?

Ihrer Lebenspartner?

Ihrer Freunde?

Warum mussten diese Frauen mitsamt ihren kleinen Knutschkugeln überhaupt in das Wasserschlösschen zur lockeren Schraube einziehen?

Suchten einige dieser Mütter in den heiligen Hallen der Institution für psychosomatisch Erkrankte etwa Zuflucht?

Es wurden nicht wenige der Muttis während ihres Aufenthalts im Wasserschlösschen zur lockeren Schraube mit Medikamenten zur Bewältigung ihres weiteren Lebens außerhalb der *Glocke* eingestellt. Was aber würde passieren, wenn man die verabreichten verschreibungspflichtigen Medikamente der Mütter absetzte?

Was wurde dann aus den Stimmungsschwankungen der Mütter?

Was wurde aus den Kleinen?

Traurig, traurig, traurig.

Darüber mochte ich gar nicht nachdenken.

Hipp, hipp, hurra … wir sind high!

Nachdenklich machte mich, dass die Männer und Frauen, die unter Medikamenteneinfluss standen, sich wie Zombies durch die Gänge schlichen. Diese waren durch die Einnahme der Antidepressiva benommen oder, was auch nicht unüblich war, schliefen einen bis zwei Tage durch. Wie einige Therapeuten in Gesprächen, aber auch in den Informationsrunden sagten, bedurfte die Einstellung oder aber auch die Umstellung der bisher genommenen Psychopharmaka immer einiger Tage. Diese von mir erwähnten beobachteten Verhaltensmuster seien eben *nur* Nebenwirkungen. Diese Nebenwirkungen wären nicht nett, aber auch nicht zu ändern. Bei der Überlegung, ob man Medikamente geben soll oder nicht … müsste sorgfältig abgewogen werden, was zu tun ist. Wenn das keine *guten* Aussichten waren.

Wie schön!

Wie beruhigend!

Waren meine Mitpatienten durch die Einnahme der Antidepressiva wirklich auf dem Weg der Gesundung oder doch nur ruhiggestellt?

Ich stellte mir nicht selten die Frage, ob es sich lohne, für einen fiktiven, augenblicklichen Gewinn des Vergessens die Zukunft zu verkaufen und die Gegenwart zu verschenken. Diese Frage konnte sich natürlich nur jeder selbst beantworten. Ich meinerseits war und bin mir jedoch immer noch wirklich sehr, sehr sicher, dass ich nicht bereit bin, mich jemals gegen meinen Willen, gegen meine feste Überzeugung, in einen *Zombie* verwandeln zu lassen. Es müssten schon schwere Krankheitsbilder wie zum Beispiel eine manische Depression bei mir auftreten, damit ich zu einem Antidepressivum greifen würde. Ansonsten hatte ich für meinen Teil die Erfahrung gemacht, dass die

Freudenspender, die Antidepressiva, meiner Meinung nach viel zu schnell eingesetzt wurden. In den Themengesprächsrunden war ich ziemlich entsetzt, wie sich die Patienten unter der Einnahme der Medikamente veränderten.

Ich persönlich finde diese Form der Behandlung mehr als fragwürdig.

Zwar wiesen die Therapeuten darauf hin, dass die Einnahme nur kurzfristig erfolgen sollte, doch warum nahmen so viele meiner Mitpatienten nach eigener Aussage diese Medikamente schon seit vielen Jahren, manche gar schon seit Jahrzehnten ein?

Als ich eine Mitpatientin auf ihre dauerhafte Einnahme von Psychopharmaka ansprach, fing diese an zu weinen und sagte mir:

„Ich habe Angst, dass, wenn ich die Tabletten nicht einnehme, ich mich zu meinem Nachteil verändere. Mein Mann hat mich gebeten, die Tabletten nicht abzusetzen, da ich mich, wenn ich sie absetze – ich habe es schon mehrfach versucht –, eine ganz andere bin. Er sagt, ich bin dann nicht mehr ich. Mein Mann erträgt mich leider nur mit Tabletten. Weil ich Angst habe, ihn zu verlieren, nehme ich, der Not gehorchend, die Tabletten weiterhin ein."

Von dem, was mir die bedauernswerte, hübsche Frau mittleren Alters im Vertrauen gestanden hatte, war ich mehr als erschrocken. Ich schwieg.

Was war der Ehemann dieser gehandicapten Frau doch für ein *Herzchen!*

Ob diese kranke Frau schon einmal auf den Gedanken gekommen war, dass ihr Ehemann ihr eigentliches Problem sein könnte?

Aber ganz offensichtlich basierte die Einnahme der Antidepressiva auf einer rein psychischen Abhängigkeit, und damit verbunden war die Furcht, ohne diese Tabletten nicht mehr mit dem Leben fertig werden zu können, und sich seinem Leben mit allen Risiken, Nebenwirkungen und mit den dazugehörigen Problemen zu stellen groß.

Es verhielt sich anscheinend mit der Einnahme der bunten Partymacher wie mit der Einnahme aller anderen Stimmungsmacher: Einmal genommen und schon brauchen die Betroffenen den nächsten Kick, den nächsten Trip, die nächste Fahrt ins vermeintliche Glück, auch wenn es hieß, dass die Medikamente nicht physisch abhängig machten. Die psychische Abhängigkeit war, wie ich registrierte, nicht weniger problematisch und nicht minder traurig.

Jeder hat zu allem seine Meinung. Meine Meinung zu dem zwanglosen Einschmeißen der bunten Fröhlichmacher manifestierte sich mehr und mehr durch die unmittelbare Konfrontation mit dieser *Heilmethode* während meines mehrwöchigen Aufenthalts in der Reha. Der Einnahme der Psychopharmaka sollte nicht unbedingt blind zugestimmt werden. Auch sollte jeder Betroffene ruhig die Notwendigkeit der Einnahme und die Wirkung der zugeteilten Medikamente bei dem behandelnden Arzt hinterfragen. Die Nebenwirkungen der Antidepressiva sind nicht zu unterschätzen.

Eine gute Psychotherapie, die Alternativmedizin oder die Homöopathie sind auf jeden Fall einige der alternativen Behandlungsmöglichkeiten für die auftretenden Beschwerden der Betroffenen. Weiterhin könnte meiner Meinung nach eine psychologische Betreuung durch Tiefen- oder Verhaltenspsychologen als auch Selbsthilfegruppen sehr sinnvoll sein und sollten in jedem Fall bei leichteren Krankheitsbildern zuerst ausprobiert werden. Sollten diese keine Wirkung zeigen, kann man immer noch zu Psychopharmaka greifen.

Ich kann jedoch aus eigener Erfahrung nur jedem psychisch Erkrankten nahelegen zu versuchen, aus seinem Tal des Jammers herauszukommen.

Herauszukommen aus der ägyptischen Grabkammer, die als Zugabe mit dem Fluch der Pharaonen versehen wurde. Stehen Sie auf! Wehren Sie den imaginären Fluch ab!

Sie sollten Ihre *Eisenketten* sprengen und zurückkommen ins reale Leben. Ins Hier und Heute.

Glauben Sie mir, es lohnt sich.

Das Leben kann sehr schön sein.

Sie sollten den Blick für das Schöne wiedergewinnen!

Sie sollten Ihre Sinnesorgane wieder sensibilisieren!

Wie wunderbar hört sich das Lachen eines Kindes an!

Wie schön ist es, das Singen eines Vogels zu hören!

Wie wunderbar fühlt es sich an, die ersten warmen Sonnenstrahlen auf der Haut zu spüren!

Wie faszinierend ist es, den Sonnenaufgang als auch den Sonnenuntergang zu sehen!

Wie sinnlich ist es, ein gutes Essen zu schmecken oder eine Blume zu riechen!

Ich kann aus eigener Erfahrung nur jedem Betroffenen raten, den Tag zu genießen, jeden einzelnen Augenblick.

Genießen Sie den Pulsschlag des Lebens! Man sollte sich nicht um das Glück bringen, die Welt mit den eigenen Augen zu sehen! *Carpe diem*!

Meine feudale Unterkunft

Ich logierte im Verhältnis zu den angebotenen *normalen* Patientenzimmern des Wasserschlösschens zur lockeren Schraube höchst feudal in dem angeschlossenen Hotel mit Seeblick. Mein Zuhause auf Zeit war ein circa zwanzig Quadratmeter großes, nett eingerichtetes Zimmer. Mein komfortables Zimmer verfügte über ein schwarzes Marmorbad mit einer relativ großen Runddusche und den sonstigen Annehmlichkeiten eines luxuriösen Bades. Eingerichtet war mein Zimmer mit einem Einzelbett und einer Ottomane aus Leder zur Entspannung, des Weiteren einem großen Ledersessel, einem kleinen, runden Glastisch sowie einem Stuhl mit Lederbezug und, nicht zu vergessen, zwei Stehlampen im Art-déco-Stil.

Natürlich hatte mein Zimmer auf Zeit auch einen Fernseher, aber dieses Gerät hatte einen Haken. Es war relativ klein und funktionierte auch nur, nachdem man eine Fernbedienung an der Rezeption käuflich erworben hatte. Ähnlich dem Prozedere in einem Krankenhaus. Ich vermutete, dass dieses wundersame Gerät noch aus den Anfängen des Fernsehbaus übrig war. Geschätztes Baujahr: um 1935. Auf jeden Fall erweckte das Gerät den Eindruck dieses Herstellungsjahrgangs in mir. Es handelte sich um eine wahre Rarität! Es war ein sehr, sehr altes Röhrengerät.

Das allergrößte Luxusgut in *meinem* Zimmer war der bereits erwähnte Kleiderschrank. Es handelte sich um einen dreieinhalb Meter langen Schwebetürenschrank. Dies war wahrlich ein großer, nicht zu unterschätzender Luxus für ein Hotelzimmer.

Auch wertete ein großes Panoramafenster, dass das Auge auf den angrenzenden See lenkte, dieses Zimmer sehr auf. Wie oft krabbelte ich während der Zeit meines Aufenthalts morgens, nachdem ich die Vorhänge der Fenster aufgezogen hatte, zurück in mein Bett und sah der Sonne beim Aufgehen über dem See zu!

Dieses Zimmer, dieser Ausblick entschädigte mich für vieles. Damit *meinem* Zimmer eine gute Reinigung widerfuhr, belohnte ich die Reinigungsfachkräfte mit einigen Euros und erhoffte mir nun für die Zeit meines Aufenthalts ein besseres Reinigungsergebnis. Festzustellen war, dass meine Strategie sehr zu meiner Freude aufging. *Da sag noch einmal jemand, Geld macht nicht glücklich ...*

Zu meinem großen Bedauern musste ich jedoch meine Bettwäsche selbst wechseln. Sie wurde mir einmal wöchentlich in das Zimmer gelegt. Die Einbeziehung in das Tagesgeschäft einer Hotelangestellten wurde wohl trotz meines Privatstatus als pädagogisch wertvoll angesehen. Offensichtlich sollten die Gäste nicht völlig ihre Eigenständigkeit verlieren. Es war vielleicht in Anbetracht der Erfahrungen, die die Mitarbeiter des Wasserschlösschens zur lockeren Schraube im Laufe ihres Arbeitslebens gesammelt hatten, davon auszugehen, dass sonst noch mehr Patienten den Anschluss ans *normale* Leben verlieren würden.

Schön, dass wir mal darüber gesprochen haben

Nachdem ich nun schon eine gewisse Zeit in dem Sanatorium verweilte, wurde ich von meiner Sporttherapeutin in einem netten Gespräch darauf aufmerksam gemacht, dass es für mich, die von Sport nicht genug bekäme, durchaus die Möglichkeit gäbe, das Fahrrad über eine ganze Zeitstunde zu nutzen.

Das sagte die Therapeutin mir erst jetzt? Nun, wo ich das Licht am Ende des Tunnels sah? Wow!

Da kann man mal sehen, wie bescheiden man im Wasserschlösschen zur lockeren Schraube unter der *Glocke* wurde. Wie glücklich man über Kleinigkeiten war, wenn sich die zur Verfügung gestellten Möglichkeiten auf ein Minimum reduzierten.

Ich trat zufrieden in meine Fahrradpedale. Eine ganze Zeitstunde lang. Sprich: sechzig ganze wunderbare Minuten lang. Dieser Tag war wirklich ein guter Tag in einer Zeit, in der ich mich oft schlecht und allein gefühlt habe.

Der Tag des „Tribunals“

Die große Chefarztvisite wurde seitens der Hausverwaltung mit wenigen Ausnahmen immer auf den Dienstag gelegt. So auch bei mir. Nach meinem dreiwöchigen Aufenthalt entschied das „Tribunal“ – bestehend aus drei mir völlig unbekannten Ärzten zuzüglich dem mir bekannten Chefarzt und einem mir unbekannten Therapeuten – über meinen beruflichen Werdegang. Ich war sowohl neugierig als auch nervös.

Wenn man dem Flurfunk Glauben schenken mochte, wurden in den Untersuchungen die Hypochonder von den wirklich Leidenden unterschieden. Außerdem wurde gemunkelt, dass die Fragen der Ärzte und Therapeuten unter der Gürtellinie angesetzt waren.

Die Chefarztvisite hatte ich ohne Probleme gut hinter mich gebracht. Diese war entgegen meiner Angst und den Befürchtungen nach den ganzen negativen Aussagen meiner Mitpatienten ganz zufriedenstellend gewesen. Ganz zufriedenstellend? Nein, es war wirklich ausgezeichnet gelaufen. Der Chefarzt, dessen Bekanntschaft ich bereits einige Wochen zuvor in einem Vieraugengespräch gemacht hatte, als auch die weiteren anwesenden Ärzte inklusive meines Einzeltherapeuten waren durch die Bank sehr nett, einfühlsam, freundlich und ausgesprochen höflich. Diese Attribute sprach ich im Wasserschlösschen zur lockeren Schraube nicht jedem Psychologen zu.

Mir wurde seitens der Ärzteschaft kundgetan, dass ich in wenigen Wochen meine Heimreise antreten könnte. Die Rede war von circa ein bis zwei Wochen. Dann hieß es von meiner Seite tschüs, au revoir, arrivederci!

Nach der Visite fing ich an zu träumen. Über diese sehr frohe Botschaft freute ich mich wie Bolle und ging leichten Schrittes auf mein Hotelzimmer. Dort griff ich überglücklich zu meinem Smartphone, um all meinen Lieben den positiven Gesprächsverlauf über meine baldige Rückkehr nach Hause mitzuteilen.

Gewichtskontrolle

Das gibt es doch gar nicht! Eine Woche vor meiner Abreise fand ich in meinem Zimmer einen Zettel vor, der mir einen Termin zum Wiegen vorgab. Ich sollte am nächsten Tag, gerne vor sieben Uhr morgens, zum Wiegen vor dem Schwesternzimmer erscheinen.

Ehrlich, ich dachte nicht im Traum daran, diesen vorgegebenen Termin wahrzunehmen.

Ich wurde in dem Wasserschlösschen zur lockeren Schraube als Gast aufgenommen, da ich einem Ärztepfusch zum Opfer gefallen war. Der einzige Grund, aus dem ich in dieser Institution war, war der, dass in diesen Gemäuern über meinen weiteren beruflichen Werdegang entschieden werden sollte. Aus keinem anderen Grund verweilte ich in dieser Einrichtung für psychosomatisch Erkrankte!

Ich wog nach wie vor unter fünfundfünfzig Kilo. Hatte einen BMI von neunzehn oder weniger.

Ich war nicht aufgenommen worden, weil ich an einem zu großen Gewicht litt und dadurch in eine Depression gefallen war. Bei Ankunft im Hotel wog ich vierundfünfzig Kilo. Da ich ein wenig abgenommen hatte, werde ich derzeit wohl im unteren Fünfzigerbereich liegen. Was aber bitte hatte mein Gewicht mit der Beurteilung meines künftigen Werdegangs zu tun?

Es verstand sich bestimmt von selbst, dass ich nicht zu dem vorgegebenen Termin ging. Aber wenn man glaubte, dass meine Entscheidung respektiert wurde, täuschte man sich. Ich hatte wohl an der Eingangstür zum Wasserschlösschen mit der Angabe meiner Personalien auch meinen Verstand und meine Eigenverantwortung gleich mit abgegeben.

Am Abend desselben Tages klingelte es an meiner Tür. Ich stand auf und öffnete sie. Eine Schwester, die ich bis zu diesem denkwürdigen Tag noch nie gesehen hatte, stand vor mir und wies mich zickig und lautstark darauf hin, dass ich den vorgegebenen Termin zum Wiegen nicht wahrgenommen hätte. Ich müsste diesen nunmehr am kommenden Morgen zur selben Uhrzeit nachholen.

Ich wurde von der hoch motivierten Schwester komplett überrollt und stellte dieser nur eine kurze, knappe Frage:

„Warum?"

Die Krankenschwester lief hochrot an. Fing an zu stottern. Ihr entglitten ihre Mundwinkel. Die Ärmste war außerstande, verbal verständlich mit mir zu kommunizieren. Statt mir meine Frage zu beantworten, mir zu erklären, welchen Sinn die Feststellung meines Gewichtes hatte, meinte diese nur patzig zu mir:

„Ich mache nur meinen Job. Das Wiegen ist eine Vorgabe der Ärzte. Es sind Anweisungen, die ich ausführe. Ihnen bin ich bestimmt keine Erklärung schuldig!"

Ich war verdutzt über so viel Frechheit und antwortete daraufhin:

„Wenn es um meine Person geht und Sie etwas von mir wünschen, ich aber anderer Ansicht bin als Sie, dann sind Sie mir sehr wohl eine Erklärung schuldig. Wenn Sie aber meinen, dass Sie mir nicht erklären müssen, welchen Sinn diese Abwiegeaktion hat, werde ich im Umkehrschluss Ihrer Aufforderung, den wiederholten Wiegetermin morgen früh wahrzunehmen, mit Sicherheit nicht nachkommen."

Die Schwester lief feuerwehrrot an. Schnippisch zickte sie in meine Richtung:

„Dann eben nicht, dann werde ich einen entsprechenden Aktenvermerk in Ihre Unterlagen schreiben!"

Die Ärmste war offensichtlich völlig überfordert. Wenn ich nicht so wütend gewesen wäre, hätte sie mir leidtun können.

Für mich war diese unangenehme Angelegenheit erledigt.

Augen auf bei der Berufswahl, fiel mir bei so wenig Wertschätzung meiner Person durch das diensthabende Personal des Wasserschlösschens zur lockeren Schraube lediglich ein. Wenn ich der Schwester gesagt hätte: „Spring aus vierzig Meter Höhe von der Brücke", ob sie wohl gesprungen wäre?

Leise fiel meine Zimmertür ins Schloss.

Laut und deutlich vernahm ich währenddessen die polternden Schritte der Schwester in Richtung Fahrstuhl. Hörte sie wütend wieder und wieder mit ihren Füßen aufstampfen.

Mädchen, du hast offensichtlich deine Pubertät noch nicht abgeschlossen, dachte ich schmunzelnd.

Ich setzte mich in meinen Sessel und schaltete den Fernseher ein. Es liefen die Nachrichten. Diese vermittelten mir einen groben Eindruck, wie viel Elend es auf der ganzen Welt gab. Die Welt hatte wahrlich andere Probleme.

Aber, ob man es glaubt oder nicht, durch diesen *Vorfall* wurde ich für diese Art der geistigen Umnachtung sensibilisiert. Ich achtete bei den künftigen Frühstücksgängen auf die vielen Wiegewilligen. Man mag es kaum glauben, aber im Wasserschlösschen zur lockeren Schraube war fast jeder meiner Mitpatienten bereit, sich morgens zum Wiegen in die Schlange vor dem Schwesternzimmer anzustellen.

Die lange Schlange erinnerte mich an bekannte Print- und Fernsehbilder aus der ehemaligen DDR. Statt der Waage vor der Tür des Schwesternzimmers hingen an den Ladentüren der ehemaligen Deutschen Demokratischen Republik Schilder mit der Aufschrift: *Heute Bananen*. Mein gedanklicher Kommentar zu dem Verhalten meiner Mitpatienten war: *Auf, auf! Ab in eure Herde!*

Abschlussuntersuchung

Meine vierte Woche hatte ich erfolgreich hinter mich gebracht. Rückblickend war die Zeit tatsächlich schnell vergangen. Vor meiner Entlassung lagen jedoch noch einige Abschlussuntersuchungen vor mir.

Da gab es im Einzelnen: den Abschlusspsychotest, das Abschlusseinzeltherapiegespräch, das Abschlussgruppengespräch und zu guter Letzt, die Abschlussphysiotherapiegespräche.

Als ich nun in dem mittelgroßen Raum für die ärztlichen Abschlussuntersuchungen angekommen war, stellten meine behandelnde Ärztin und ich fest, dass meine angestrebten Ziele: zum Beispiel die Verbesserung der Leistungsfähigkeit meiner geistigen Fitness im Alltag, sprich der Abbau meiner Vergesslichkeit, meiner Unkonzentriertheit, vieles zu vergessen oder liegen zu lassen, des Weiteren meine angestrebte und erhoffte Schmerzfreiheit und noch zwei weitere angestrebte Ziele nicht erreicht worden waren. Wow! Vier von vier Zielen wurden nicht erreicht.

Was für ein wirklich gutes Ergebnis!, dachte ich, als ich dieses *großartige* Ergebnis mit meinem Therapeuten besprach.

Dennoch waren meine behandelnde Ärztin und auch mein zugeteilter Therapeut über alle Maßen um mein Wohlergehen bemüht. Sorgten sich um mich. Meine behandelnde praktische Ärztin hatte mir sogar eine Teemischung aus Lavendelextrakten gemischt und mir diese in eine kleine Tüte abgepackt. Zur Nutzung für Zuhause, nett als Geschenk, verpackt. Die Hoffnung, die die Ärztin mit dieser Teemischung verband, war, dass ich künftig nicht mehr schweißgebadet in meinen Albträumen versank. Meine behandelnde Allgemeinmedizinerin hatte mich sogar gebeten auch nach meiner Entlassung aus dem Wasserschlösschen zur lockeren Schraube mit ihr in Kontakt zu bleiben, um weiterhin über meine *Entwicklung* auf dem Laufenden gehalten zu werden. Diese Frau war wirklich sehr motiviert, mir zu helfen. Löblich für eine Weißkittelträgerin!

Alle Einstein … oder was?

Was ich persönlich als sehr interessant erachtete, war, dass mit mir augenscheinlich ausschließlich Gelehrte oder leitende Angestellte, Kopfarbeiter oder Intellektuelle im Wasserschlösschen zur lockeren Schraube untergebracht waren. Wenn man mit einigen Mitpatienten ins Gespräch kam, gab jeder von ihnen an, zu einer der genannten Gruppen zu gehören. Dies war übrigens auch in den Gruppengesprächen zu hören.

In diesen saßen nur Soziologen, Manager aus den verschiedensten Wirtschaftsbereichen, Ingenieure, Betriebs-, Volks- und sonstige Fachwirte auf Hochschulniveau oder andere noch nicht namentlich genannte Intelligenzler. Alle waren selbstverständlich in leitenden Positionen, wie auch ich zu meiner aktiven Zeit, beschäftigt. Als verwunderlich erachtete ich, dass ich während meiner Heilbehandlung nicht einen einzigen Verkäufer, Handwerker, Bürokaufmann, keine Reinigungsfachkraft, nicht eine einzige Arbeitsbiene kennengelernt habe. *Wer's glaubt …*

Zuhören durfte man dem Großteil dieser sogenannten Akademiker nämlich nicht.

So durfte ich unter anderem diese Bruchstücke einer Unterhaltung unter Hochschulabgängern mehrerer Jahrgänge mit anhören:

„Wem seine Tasche ist das?"

Worauf aus einer Ecke geantwortet wurde: „Ich."

Ich fragte mich verwundert, in welchem Kontext das Gesagte stand, und stellte mir insgeheim die Frage, was für grammatische Nullen mit mir gemeinsam in den Gemäuern residierten. Schon einmal was von richtiger Grammatik gehört?

Ich hatte bislang gar nicht gewusst, dass unser Bildungsniveau in Deutschland so weit unten angesiedelt war.

Diese Männer und Frauen gaben doch tatsächlich vor, Gelehrte, Hochschulabsolventen mit Abschluss, mit Diplom oder Magister zu sein.

Na klar, schoss mir durch den Kopf. *Na klar. Was denn sonst?*

Hat denn keiner von euch Leuchten das Verlangen oder gar das Vermögen, richtiges Deutsch zu sprechen?

Da blieb bei mir nur die Frage offen: Wenn sie wirklich alle ehemalige Studenten unserer Unis waren, in welchem Land, auf welcher Internetauktion oder auf welcher Internetplattform hatten sie ihr zur Belegung der mehr oder minder anspruchsvollen Studiengänge das Abitur ersteigert?

Mensch, ihr leuchtendes Beispiel einer verfehlten Bildungspolitik, nur für euch zum besseren Verständnis: Ein ganzer Satz besteht aus Subjekt, Prädikat, Objekt! Ist denn im Schloss keiner mehr der deutschen Sprache mächtig?, ging mir immer mal wieder, wenn ich den einen oder anderen Wortmüll mit anhören musste, durch den Kopf.

Besser sind die Anglizismen in unserer deutschen Sprache zwar auch nicht, aber die verstehen fast alle. Selbst die Anwesenden im Wasserschlösschen zur lockeren Schraube. Dieses Wissen unterstellte ich ihnen jedenfalls.

Die meisten machten zudem einen auf *dicke Hose*.

Es wurde gerne mit materiellen Besitztümern geprahlt, sodass man denken konnte, ein jeder müsse ein enger Verwandter von Donald Trump sein. Im Wasserschlösschen zur lockeren Schraube wurde gesponnen und gelogen, dass sich die Balken bogen. Die Mitpatienten, die wilde Märchen und unglaubliche Geschichten erzählten, waren offensichtlich stark von den altbekannten Märchenerzählern und Fantasyautoren beeinflusst worden. Diese gaben den eingecheckten Patienten ganz offensichtlich die Steilvorlagen zu ihren vielen ausgeprägten und mit viel Fantasie ausgeschmückten, oft surrealen Berichterstattungen, Geschichten und Erzählungen.

Ganz normaler Wahnsinn?!

Als völlig kurios empfand ich den Kontakt zu den meisten meiner Mitpatienten. Was nicht heißen soll, dass mir alle unsympathisch waren. Ganz im Gegenteil. Ich mochte durchaus viele meiner Mitpatienten. Hatte in der Zeit, in der ich in dem Wasserschlösschen zur lockeren Schraube residierte, jedoch einzig eine engere Verbindung zu vier meiner Mitpatienten. Doch nicht, weil ich mir zu schade war, mit meinen weiteren Mitpatienten in Kontakt zu treten, sondern einzig aus dem Grund, weil uns Welten trennten. Lediglich zu Renate, meiner in der Zwischenzeit guten Bekannten, Holger, meinem Tischnachbarn, Manfred, *meinem* Mann der ersten Stunde und last, but not least zu Ina, einer Mitpatientin aus der Themengruppe, hatte ich eine engere Verbindung aufgebaut.

Zeitweise überforderte mich eine Situation mit einer Mitpatientin, die sich im täglichen Miteinander als Frau herausstellte, die aller Wahrscheinlichkeit nach unter Verfolgungswahn litt. Ich dachte mir, nachdem ich ihr *wahres Ich* erkannt zu haben glaubte: *So sehr kann ich mich doch nicht in einem Menschen täuschen, oder etwa doch?*

Die besagte Mitpatientin mit dem wohlklingenden Namen Anja war mir anfangs völlig normal erschienen. Anja und ich besuchten zusammen eine Themengruppe, als sie mich am Ende des zweiten Gruppenbesuchs auf einen Kaffee einlud. Ich fand Anja durchaus sympathisch und freute mich über die Einladung. Letztlich kam es aber durch diverse Begebenheiten gar nicht zu dem angedachten Kaffeeklatsch.

Wir kamen nach der Themengruppentherapie ins Gespräch, und Anja klagte mir ihr Leid. Alles, was sie sagte, schien völlig glaubhaft und schlüssig. Ich entwickelte ernsthaftes Mitleid mit ihr. Bis ich dann bei dem achten oder neunten zufälligen Treffen misstrauisch wurde. Anfangs hatte ich angenommen, dass unsere Aufeinandertreffen wirklich zufällig waren. Aber nach einer gewissen Zeit glaubte ich nicht mehr an so viele Zufälle. Immer wieder traf ich auf Anja. In allen möglichen und unmöglichen Ecken und Räumen. Auf den Fluren, auf den Korridoren, ja, selbst in der großen Außenanlage des Wasserschlösschens zur lockeren Schraube. Ich vermutete, dass Anja mich abpasste, um immer wieder mit mir ins Gespräch zu kommen. Dies war allerdings für das Wachstum unserer Bekanntschaft absolut kontraproduktiv. Ihre permanenten Verfolgungen führten nunmehr dazu, dass ich ein Grummeln in der Bauchgegend bekam, wenn ich die Räumlichkeiten, die Korridore und die Nebenräume als auch die Außenanlage der Institution betrat.

Nach einer weiteren Zeit wurde ich gegenüber den Erzählungen Anjas misstrauisch. Anja hatte mir gesagt, dass alle Ärzte, alle Patienten sie nicht mochten. Schlimmer noch, sie sogar ablehnten. Sie fühlte sich nicht verstanden. Sagte, dass sie sogar das schlechteste Zimmer bekommen hätte. Dass sie das Gefühl hatte, man würde ihrem Essen etwas zuführen, und sie schimpfte immer wieder auf den Chefarzt. Den guten Mann hatte ich nun aber schon in einigen Treffen als kompetenten, äußerst netten und aufmerksamen Gesprächspartner schätzen gelernt. Ich empfand den Chefarzt als menschlich, einfühlsam und sympathisch. Als ich Anja dies kundtat, revidierte diese ihre zuvor getroffenen Aussagen bezüglich des Chefarztes und fand ihn plötzlich auch äußerst nett, sympathisch und einfühlsam. Anja wurde immer anstrengender. Bis mir schlagartig bewusst wurde, dass ich es mit einer schwer gestörten Persönlichkeit zu tun hatte. Bei allen weiteren Zusammentreffen war ich äußerst vorsichtig.

Später fand ich heraus, dass die psychisch erkrankte Frau selbst ganz relaxt ihre bunten Fröhlichmacher zu den Mahlzeiten zu sich nahm. Also wurde Anjas Essen im weitesten Sinne wirklich etwas zugeführt. Sie hatte offensichtlich nur verdrängt, dass sie selbst diese Medikamente einnahm. Vielleicht hatte sie auch nur einen Medikamentenwechsel vorgenommen.

So versuchte ich mir Anjas Verhalten zu erklären. Meine Begründung für das Geschehene machte jedoch die Situation nicht besser. Unsere Beziehung war nachhaltig und endgültig gestört.

Die Ärmste lebte in ihrer eigenen, durchgeknallten, mystischen Welt. Sie sah überall Verschwörungen und Verrat gegen sich. Anja hatte eine fürchterliche Angst, ihre Heimreise anzutreten, die ja zwangsläufig irgendwann auf sie zukam. Sie war der festen Überzeugung, dass in der Nähe ihres Wohnortes nur Verräter, Spione oder Menschen lebten, die ihr nichts Gutes wollten. Freunde hatte die gestörte Frauen in ihrem Wohnort nach eigenen Aussagen nicht. Geschweige denn einen Freund, Lebensgefährten oder Ehemann. Die Unterstützungsbedürftige lebte völlig alleine. Dies hatte sie mir in einem dieser *zufälligen Treffen* erzählt. Auch war sie angeblich vor gut zwanzig Jahren aus dem ehemaligen Jugoslawien nach Deutschland gekommen. Sie sprach ein ausgezeichnetes, völlig akzentfreies Deutsch. Das Beste war, dass sie die vielen unglaublichen Erlebnisse, die sie mir anvertraute, wirklich alle als real empfand. Sie war fest davon überzeugt, dass ihr ihre vielen abenteuerlichen Storys wirklich widerfahren sind. Ihre verrückten Geschichten waren für sie real. Die arme Frau durchlebte ihre Schilderungen offensichtlich tatsächlich. Sie lebte in ihrem eigenen Film. Das Ganze war wirklich völlig schräg, wunderlich und unheimlich, aber auch unglaublich traurig.

Anja lud mich noch sehr häufig auf ihr Zimmer zu einer Tasse Tee oder einem Kaffee oder auch zum Fernsehen ein. Mir war das Ganze allerdings unheimlich. Ich suchte und fand immer neue Ausreden und Gründe, um ihre Einladungen nicht annehmen zu müssen. Ich war zu feige, der kranken Anja direkt abzusagen. Auf der anderen Seite hatte ich aber ein ungutes Bauchgefühl und wollte nicht mit Anja alleine in einem Raum sein. Ich hoffte, dass Anja irgendwann einmal verstand, dass ich mich nicht mit ihr treffen wollte.

Sie hörte nicht auf ständig hinter mir herzulaufen, um mir mitzuteilen, dass ich ihrer Meinung nach die hübscheste, bestangezogene Frau in dem Wasserschlösschen sei. Komplimente über Komplimente bekam ich mindestens drei bis vier Mal am Tag zu hören. Mir war dieses Verhalten sehr unangenehm. Jedoch auch meine Bitte an Anja, dies zu unterlassen, führte nicht dazu, dass sie ihr peinliches, unterwürfiges Verhalten mir gegenüber abstellte. Völlig skurril! Somit machte ich meine ersten und hoffentlich auch letzten Erfahrungen mit einer Stalkerin. Sicherlich hätte ich Anjas aufdringliches Verhalten mir gegenüber der Klinikleitung melden können.

Doch warum?

Warum sollte ich die ohnehin schon gestörte Person noch weiter belasten?

Warum sollte ich sie denunzieren?

Eventuell daran schuld sein, dass Anja eines Morgens in dem Bett einer anderen Einrichtung aufwachte? Anja war gaga, war meschugge, war verdreht, aber auf keinen Fall bösartig.

Andersartig – ja.

Anstrengend – ja.

Nervig – ja.

Anjas Verfolgungen führten nun dazu, dass ich mich allen anderen Mitpatienten gegenüber äußerst zurückhaltend verhielt. Eine Anhängerin reichte mir für den Zeitraum meines Aufenthalts. Die mir gereichten E-Mail-Adressen oder Handynummern anderer Mitpatientinnen wies ich dankend ab.

Ich bedauerte dann und wann in meinem stillen Kämmerlein mein Vorgehen, keiner anderen Mitpatientin die Möglichkeit gegeben zu haben, mich näher kennenzulernen, aber auch ich musste im Dschungel, in der grenzenlosen Wildnis der Einrichtung überleben.

Alles klar auf der Andrea Doria?

Die Nachmittage in dem Wasserschlösschen zur lockeren Schraube waren ziemlich eintönig. Die Therapieangebote gingen selten über sechzehn Uhr hinaus. Abendbrot gab es erst um achtzehn Uhr fünfundvierzig. Das hieß, dass die Zeit bis dahin zur freien Verfügung stand. Da sich das Wasserschlösschen zur lockeren Schraube in einem kleinen Dorf befand, hielt sich die Abwechslung innerhalb des Verwaltungsbezirkes des Schlosses, wie ich schon am zweiten oder dritten Tag sehr zu meinem Leidwesen feststellen musste, in äußerst überschaubaren Grenzen. Ein Großteil meiner Mitpatienten wirkte auf mich – ihrem Verhalten geschuldet mehr als gewöhnungsbedürftig. Also verbrachte ich die Nachmittage mit ausgedehnten Spaziergängen, Fernsehen, Mahjong und Solitaire Spielen oder Ähnlichem und wartete auf die Zeit des allabendlichen Büfetts. Da meine Aufenthaltszeit im Wasserschlösschen zur lockeren Schraube sich dem ersehnten Ende neigte, fiel es mir immer schwerer, mich *sinnvoll* zu beschäftigen. Schön waren die Abende. Mit meinem Mann hatte ich vereinbart, dass wir jeden Abend pünktlich, na ja, mehr oder weniger pünktlich, gegen neunzehn Uhr dreißig telefonierten. So war ich also wie ein verliebter, pubertierender Teenager jeden Tag um neunzehn Uhr dreißig, plus/minus einiger weniger Minuten, mit meinem Angebeteten verabredet!

Nach mehreren Wochen Therapie war es also fast so weit. Meine Abreise stand bevor. Das Licht am Ende des Tunnels war in Sicht. Es trennten mich nur noch wenige Tage von meiner Abreise. Zuvor musste ich jedoch erneut einen Psychotest machen. Dieser Test wurde wenige Tage nach der Aufnahme vorgenommen und musste kurz vor der Abreise wiederholt werden. Bei der Testwiederholung sollte die Entwicklung geprüft werden. Ob im Vergleich zu dem ersten Test nun, kurz vor der Entlassung, eine Besserung des psychischen Zustands eingesetzt hatte. Fragen zur Sexualität oder zum Partner fand ich, obwohl ich nun wirklich weder keusch noch prüde bin, gewöhnungsbedürftig. Nichtsdestotrotz mussten diese dennoch beantwortet werden, um den Test, der am PC durchgeführt werden musste, abzuschließen.

Da wohl etliche Mitpatienten Schwierigkeiten beim Ausfüllen des Tests hatten, hatte man für die Bearbeitung der Fragen, die online erfolgten, geschlagene zwei Stunden Zeit. Ich hatte den Test sowohl beim Check-in als auch beim Check-out jeweils in weniger als einer halben Stunde erledigt.

Wie interessant! Kurz vor meiner Abreise lag auf meinem Zimmer, auf dem kleinen Glastisch, ein Abschlussfragebogen mit Beurteilungsfragen zu der gesamten Einrichtung. Zum Beispiel wurde die Meinung zur Reinigungsqualität des Zimmers, zur Höflichkeit des Reinigungspersonals, des Servicepersonals in den Essensräumen und des Personals allgemein, aber auch zur Arbeit der Psychologen und der Therapeuten abgefragt. Diese Fragen sollten mit Schulnoten von eins bis fünf bewertet werden.

Die Befragung wurde anonym gestellt. Diese Aussage entnahm ich der Einleitung des Fragebogens. Na klar. Doch für wie blöd hielt die Klinikleitung eigentlich die Anwesenden?

Anonym?

Auf dem Fragebogen wurde zum Abschluss nach dem Geschlecht, das Anreisedatum, das Abreisedatum, das Geburtsdatum des Patienten und zu guter Letzt auch noch nach dem Gebäude, in dem man sich einquartiert hatte, gefragt.

Sehr anonym!

Wetten, dass der *anonyme* Fragebogen eben doch von sehr vielen *klugen Köpfen* ausgefüllt und natürlich auch in die dafür vorgesehenen Kästen gesteckt wurde? Diese Befragung diente selbstverständlich nur der Verbesserung der Dienstleistungen im Schlösschen. Hundertprozentig. Was denn auch sonst? Ein Schelm, wer Böses denkt!

Den Bauherren sei Dank!

Das Wasserschlösschen zur lockeren Schraube sollte ordentlich vergrößert werden. Es war schon seit Jahren ein Neubau geplant, der nunmehr, während meiner Aufenthaltszeit im Wasserschlösschen zur lockeren Schraube, kurz vor seiner Vollendung stand. Der Neubau sollte bereits zwei Wochen nach meiner Abreise bezugsfertig sein. Jedoch – wie ich hörte – gab es einen Wermutstropfen: Der Prachtbau zog den großen Groll vieler Mitpatienten auf sich. Die meisten meiner Mitpatienten, auch wenn sie sich erst einige Tage zuvor im Schlösschen einquartiert hatten, mussten ihre Sachen umgehend wieder einpacken, um sich sodann in dem Neubau einzufinden. Es gab einen Umzugsstichtag, und diesen galt es auf Teufel komm raus einzuhalten.

Allerdings betraf der Umzug nicht alle Patienten. Die Akutpatienten – so nannte man die Patienten, die von einem Arzt eingewiesen und nicht zur Reha, sondern zur Überwachung und Genesung in den heiligen Hallen einquartiert worden waren – verblieben in den alten Räumlichkeiten. Einzig die Rehagäste kamen in den Genuss des neuen imposanten Gebäudes mit seinen modernen Räumlichkeiten.

Wie ich gehört hatte, war es auch komplett egal, wie lange die Verweildauer geplant war. Auch wenn die zu erwartende Aufenthaltsdauer der *alten* Patienten nur noch wenige Tage betraf, musste ohne Wenn und Aber umgezogen werden, sobald der Neubau bezugsfertig war. Stichtag war Stichtag. Dies war eine Anordnung von ganz oben. Ich hatte die Information über den Ablauf des Umzuges vom alten in das neue Gebäude von Holger, meinem Tischnachbarn, bekommen. Holger wäre gern vor dem anstehenden Umzug abgereist. Er hatte bei Fertigstellung des Neubaus nur noch zwei Tage in dem Gesundheitstempel zu verweilen. Aber nach Rücksprache mit seinem Einzeltherapeuten war die Verkürzung der vorgesehenen Aufenthaltsdauer selbst um diese zwei Tage nicht möglich.

Besichtigen durften wir – die Patienten des alten Schlösschens sowie deren Angehörige, die Bauträger, die Bauherren und auch alle helfenden Hände der ortsansässigen Handwerker – den Neubau schon vorab. Natürlich trieb auch mich die Neugierde in das fast bezugsfertige neue Gebäude. Die Begutachtung des Objektes hatte einen nicht zu unterschätzenden Wert. Es gab kostenfrei zu essen und zu trinken. Wer konnte unter den gegebenen Umständen der netten Einladung keine Folge leisten? Die Räumlichkeiten waren sehr schön, und siebzig bis achtzig Prozent der künftigen Patientenzimmer leider gab es bei der Besichtigung noch keine genauen Angaben verfügten über einen sehr begehrten Seeblick. Dennoch hatte dieser Prachtbau aus meiner Sicht auch einige Nachteile. Es gab keine Fernseher und auch keine Radios auf den Zimmern. Durch die Abspeckung der Hightechgeräte sollte angeblich das Gemeinschaftsgefühl der eingecheckten Patienten untereinander gefördert werden. Es gab in dem neuen Gebäude offensichtlich eine ausreichende Anzahl an Gemeinschafts- und Fernsehräumen. Während der Besichtigung stellte ich mir folgende Fragen:

Wie sollten sich die einquartierten Patienten auf die Vielzahl der angebotenen Sender und Fernsehprogramme einigen, wenn so viele verschiedene Charaktere und Bildungsniveaus aufeinandertrafen?

Oder war der wirkliche, der wahre Grund der abgespeckten Zimmerausstattung der, dass der Bau mehr gekostet hatte als geplant?

Und dies, die Einsparungen der *kleinen* Dinge, war die viel gepriesene Lösung?

Eventuell war ja alles auch nur reine Spekulation.

Wer wusste das schon?

Ich nicht.

Kosten sollten im neuen Gebäude künftig auch bei der Reinigung der Zimmer gespart werden. Diese sollte in dem Neubau von den jeweiligen Bewohnern der Zimmer, den Patienten, selbst vorgenommen werden. Die Raumpflegerinnen, die meinem Zimmer eine ausgezeichnete Reinigung und Pflege zukommen ließen, hatten mir dies erzählt. Die Putzkolonnen würden dann nur noch die Gemeinschaftsräume säubern dürfen. Auch würden wahrscheinlich einige der derzeit tätigen Putzfeen ihres Amtes enthoben werden.

In mir kam die Frage auf, ob der Bauherr sich bei der Planung und der Umsetzung der Außenanlage tatsächlich hinreichend Gedanken gemacht hatte. Ob er sich darüber im Klaren war, was es bedeutete, in dem neu angelegten Garten Doppelliegen aus Holz einzuzementieren.

Diese Gartengestaltung würde für sehr viele Mitpatienten eine Einladung ins Schlaraffenland sein.

Meiner felsenfesten Meinung nach würden sich innerhalb kürzester Zeit ganz bestimmt etliche paarungswillige Patienten finden, die die Liegen auf deren alltagstaugliche Beschaffenheit prüften. Da würde es an nicht wenigen Tagen ganz schön im Gebälk quietschen.

Ich würde nicht zu den zwanzig bis dreißig Prozent der Patienten gehören wollen, die ein Zimmer zur Gartenseite beziehen mussten.

Es gab auch unter den Ärzten und Therapeuten große Bedenken an dem neuen Konzept. Zu diesem Zeitpunkt wollte ich *nicht so schnell* bis zu *gar nicht* wieder als Gast in dem Wasserschlösschen zur lockeren Schraube in Bad Kleeblatt einquartiert werden. Inständig hoffte ich, dass die Reha ihre Wirkung zu

Hause in vollem Umfang entfalten würde. Persönlich konnte ich gut und gerne auf den Bezug der neuen Räume verzichten. Mein Hotelzimmer war mit Abstand komfortabler und persönlicher als die Räume des imposanten Neubaus.

Der Widerspenstigen Zähmung

Seit meiner frühen, bewussten Kindheit habe ich die Denke, dass niemand wirklich hässlich ist. Schönheit liegt meines Erachtens einzig im Auge des Betrachters. Aus jedem hässlichen Entlein kann ein schöner Schwan werden. Doch auch in jedem schönen Schwan kann ein hässliches Entlein stecken. Scheinbar äußerlich zu kurz gekommene, unförmige Menschen haben immer etwas Schönes an sich. Zum Beispiel haben sie ein nettes Wesen. Ein nettes Lächeln. Schöne Haut. Schöne Haare. Schöne Augen oder noch vieles mehr. Doch auf der anderen Seite kann in einer Schönheit ein Ungeheuer wohnen. Bis zu diesem furchtbaren Zusammentreffen hatte ich den festen inneren Glauben, dass jeder Mensch ein Licht in sich trägt. Ein Licht, das leuchtet. Bis zu dem Zusammentreffen mit dieser unglaublichen Frau.

Ich wurde tatsächlich eines Besseren belehrt.

Zu der Zeit meines mehrwöchigen Aufenthalts war ebenfalls eine Frau mit einem Körpergewicht von geschätzten einhundertachtzig Kilo, bei genauerer Betrachtung wohl eher mehr als weniger, mit mir als Patientin im Wasserschlösschen zur lockeren Schraube unterwegs. Diese Frau hatte ganz ohne Frage ihr Selbstbewusstsein ihrem Gewicht angepasst. Es war riesig und gewaltig. Jedenfalls gab sie Außenstehenden vor, ein Selbstbewusstsein in dieser Größenordnung zu besitzen. Diese Frau mit der in alle Richtungen ausgelegten außerordentlichen Größe benahm sich wie eine große Diva. Sie beschimpfte jede Mitarbeiterin unserer Institution. Sollte keine Angestellte zum Drangsalieren vor Ort sein, nahm sie gerne auch die zur Verfügung stehenden Mitpatientinnen. Dieses Vollblutweib nahm, wenn sie saß, ungelogen zwei nebeneinanderstehende Stühle ohne Armlehnen ein.

Als ich diese bunt gefiederte Katastrophe das erste Mal zu Gesicht bekam, dachte ich bei mir:

Mann, ist die dick, Mann!

Die beleibte Frau saß während einer Ergotherapiestunde mit mir an einem Tisch. Die Dicke wollte Puppenkleider nähen. Was an sich ja nicht schlimm war. Das Theater ging los, als eine Therapeutin auf die beleibte Frau zukam und diese fragte, ob sie ihr beim Zuschneiden der Puppenkleidung behilflich sein könnte. Das hätte die gutmütige Therapeutin nicht fragen sollen. Da fing die Höllenhündin an laut zu bellen.

Ein schweres, heftiges Gewitter tobte los. Die Blitze schnellten nur so aus der dicken Wolkendecke.

Eine geschlagene Dreiviertelstunde hörte diese Frau nicht auf zu zetern und zu schimpfen:

„Wer sagt Ihnen denn, dass ich Ihre Hilfe haben möchte? Wie kommen Sie überhaupt darauf, mich zu fragen, ob ich Ihre Unterstützung benötige?

Sehe ich etwa hilfsbedürftig aus?

Sie wissen doch gar nicht, was ich in meinem Leben schon alles geleistet habe.

Was ich gelernt habe.

Wie viele Puppenkleider ich schon genäht habe.

Ob ich eine gelernte Schneiderin bin.

Ob ich eine Hobbyschneiderin bin."

Ja, wen interessiert es?, dachte ich mir bei dem lauten Gequake.

Die dicke Höllenhündin war geweckt. Ihre dicken Eisenketten wurden geschlagen. Die dicke Furie war zum Leben erwacht.

Dieses Vollweib wollte nicht aufhören zu wüten. Die Therapeutin war mit dem ihr entgegentosenden Wortschwall, den ohne Punkt und Komma aneinandergereihten Worten völlig überfordert. Sie verließ unter einem fadenscheinigen Vorwand fluchtartig den Raum des Terrors. Den Zugang zum Höllenschlund. Sie verließ die scheinbar explodierte Haarspraydose, die zu lange in der glühenden Hochsommermittagssonne gestanden hatte. Bei dem Auftreten meiner voluminösen Mitpatientin, glaubte ich einen Toro aus einer Stierkampfarena vor mir zu haben. Er schnaubte und scharrte mit seinen Hufen. In seinem dicken Nacken steckten Metallspieße. Dann stürmte er los, der Toro, der mächtige, wütende Stier.

Sie wirkte auf mich wie eine exorbitant monumentale Eva, vertrieben aus ihrem Paradies. Dieser Anblick war wirklich unbeschreiblich!

Ein anderer Tag, dieselbe Frau.

Die voluminöse Frau und ich mussten mal wieder gemeinsam an einem Themengruppenvortrag teilnehmen. Der zur Verfügung stehende Saal war eher klein. Es war geschätzt Platz für circa zwanzig bis dreißig Personen. Jetzt aber kam ein richtiges Problem auf die Höllenhündin zu. Die vorhandenen Stühle in dem Raum hatten alle Armlehnen. Diesmal wollte eine Praktikantin höflich und nett zu ihr sein und bot sich an, zwei Stühle ohne Lehne zu besorgen, damit auch sie sich bequem hinsetzen könne und nicht während des Vortrages stehen müsse. Oha, da ging es auch wieder lautstark mit dem Wortschwall los! Die Praktikantin wurde nur so mit Worten überhäuft:

„Was glauben Sie eigentlich, wer Sie sind?

Was meinen Sie denn?

Als ob ich nicht auf den hier vorhandenen Stühlen Platz nehmen könnte."

Rums!, schmiss sich die dicke Frau auf einen Stuhl mit Armlehnen.

Der arme Stuhl, ging mir bei dem gebotenen Schauspiel durch den Kopf. Wenn Gegenstände vor Schmerz schreien könnten.

Gespannt schauten alle in dem Raum befindlichen Mitpatienten auf den Stuhl. Dieser stöhnte unter der Last, der er ausgesetzt war, laut auf. Seine Stuhlbeine gingen schwer auseinander. Die Stuhlbeine zeigten nach außen. Doch die Lehnen hielten den Massen stand.

Der Stuhl brach entgegen der Annahme, dass er der großen Belastung nicht standhalten würde, nicht auseinander. Ich muss zugeben, ich war auch sehr überrascht. *Das* hätte ich definitiv nicht für möglich gehalten.

Die Pfundsfrau hatte jedoch jetzt ein ganz anderes Problem. Sie steckte zwischen den Lehnen fest. Der Stuhl gab die massige Frau nicht mehr frei.

Was hatte ich diesen Anblick genossen!

Wie die ausladende Frau wieder aus dem Stuhl gekommen ist, weiß ich nicht. Das hatte ich auch später nicht in Erfahrung bringen können. Vor ihrer Befreiung hatte ich den Raum zum Höllenschlund fluchtartig verlassen. Ich glaubte fest, dass während der Befreiung unweigerlich lautes Gezeter folgen würde. Dieses Geschrei und Lamento wollte ich meinen Ohren nicht zumuten. Wie mir später zugetragen wurde, hatte ich recht. Wie von mir vermutet, hatte sie extrem laute Schimpftiraden losgelassen. Mit diesen hatte die Satansbraut alle noch Anwesenden im Raum während ihres Befreiungsaktes großzügig bedacht.

Diese vollleibige Frau vereinte zwei Wesen in sich! Ich saß mit Renate in der Cafeteria, in der auch die Wohlgenährte ab und an verweilte. Da beobachtete ich, dass, als ein Mann sich zu ihr an ihren Tisch gesellte, die dicke Frau, die sich immer wie eine Diva benahm, die Furie, die voluminöse Höllenhündin lammfromm wurde. Sie fing an, mit allen ihr zur Verfügung stehenden Mitteln zu flirten, was das Zeug hielt. Sie war sogar richtig nett, charmant und konnte sogar lachen. Ihr Gesicht wies plötzlich weiche Gesichtszüge auf. Doch sollte sich ein weibliches Wesen ihrem Tisch nähern, schossen Blitze aus ihren Augen in Richtung der Frau. Wirklich unglaublich! Ich fand die Situation absolut surreal. Wie so oft während meines Aufenthalts im Wasserschlösschen zur lockeren Schraube wunderte ich mich. Ich kam mir wieder einmal vor wie Alice im Wunderland.

Mensch!, philosophierte ich in Gedanken bei diesen täglich stattfindenden Schauspielen. *Das Leben steckt voller Überraschungen.*

Das Beste kommt zum Schluss

Bisher habe ich noch gar nichts über das Beste an meinem Aufenthalt berichtet. Dies war ganz eindeutig die Physiotherapie! Diese Anwendungen wurden in dem sogenannten Turm abgehalten, einem Gebäudekomplex, der einzig für Physiotherapieanwendungen und Fitness errichtet worden war. In diesem Gebäude wuselten circa dreißig Therapeuten und ich weiß nicht, wie viele Fitnesstrainer herum, um den leidenden Kranken ihren mehrwöchigen Aufenthalt zu versüßen.

Ich meinerseits hatte viel, viel Glück, und man verwies mich nach der Aufnahme für die Dauer meines Aufenthalts an eine sehr nette junge Physiotherapeutin. Damit soll aber nicht gesagt sein, dass die anderen nicht auch sehr nett waren. Nur diese, *meine*, war eben besonders nett! Sie versüßte mir mein Leben im Wasserschlösschen zur lockeren Schraube absolut. Ich bekam Fußmassagen, Lymphdrainagen, Rückenmassagen und, nicht zu vergessen, den legendären Hydrojet. Dieser entsprach von den Maßen einem kleinen Wasserbett mit Wasserdüsen als Massagestäbe. Dieses Gerät ist der helle Wahnsinn. Auf diesem Gerät waren die vorgegebenen fünfzehn Minuten definitiv zu wenig. Gut und gerne einen halben Tag hätte ich auf diesem Luxusgerät verbringen können.

Meine Physiotherapeutin sorgte ferner dafür, dass ich eine sehr teure, aufwendige Unterstützung für meinen defekten Fußheber bekam. Sie hatte tatsächlich alle ihr zur Verfügung stehenden Hebel in Bewegung gesetzt, damit ich die Genehmigungserteilung zur Herstellung einer sogenannten Orthese aus Karbon, ein teures Hilfsmittel, als Ersatz für meine alte, wesentlich unbequemere Orthese bekam. Ohne die neue Schiene hatte ich wirklich große Probleme, den rechten Fuß im korrekten Winkel anzuheben.

Ich stolpere viel, wenn ich meine Orthese nicht anlege. Dieses Stolpern hat unter anderem auch schon einen komplizierten Fußbruch und diverse Bänderrisse nach sich gezogen.

Ich nahm mir vor, meiner sehr netten Physiotherapeutin für ihre großartige Unterstützung auf jeden Fall noch vor meiner Abreise meinen großen Dank auszusprechen.

Licht am Ende des Tunnels!

Meine letzten Stunden im Wasserschlösschen zur lockeren Schraube brachen an. Ich wollte mich dem *Genuss* der letzten Gruppentage nicht entziehen. In Gedanken war ich allerdings schon weit, weit weg.

Die restlichen beiden Tage beinhalteten Krankengymnastik und Yoga für Fortgeschrittene als auch letzte therapeutische Maßnahmen. Mit diesen wollte ich meine restliche Zeit sanft ausklingen lassen.

Bewusst hatte ich einen Tag zuvor nur passiv an dem Gruppenterror teilgenommen. Hatte für mich festgestellt, dass dies die einzige Möglichkeit für mich war, ganz ohne Groll an diesen Gesprächen teilnehmen zu können. Mein Gruppentherapeut hieß meine Apathie nicht gut. Dies gab er mir unmissverständlich zu verstehen. Mir war das Geschwafel des Therapeuten gelinde gesagt völlig egal.

Der letzte Montag konnte kommen!

Meine Zeit war fast vorüber. Mein vorletzter Tag brach an. Der Morgen fing gut an. Von der Sonne wurde ich an diesem Tag wach geküsst. Gut gelaunt sah ich mir zunächst den beeindruckenden Sonnenaufgang über dem See auf meinem wunderschönen Balkon an. Die frische Morgenluft und das Panorama genoss ich in vollen Zügen. Im Hintergrund spielte aus dem Radio, das in den Fernseher integriert war, eine mir nicht bekannte Schmusemusik, die mich zum Summen animierte. Dieser Morgen war perfekt. Meine Laune hätte nicht besser sein können. Fest entschlossen nahm ich mir vor, mir meine gute Laune durch nichts und niemanden vermiesen zu lassen.

In dem großen Speisesaal angekommen, schmeckte mir mein

Frühstück viel besser als an den Tagen zuvor. Woran konnte das nur liegen? Woher mochte meine gute Laune nur kommen? Auch die irrsinnige Hektik in dem großen Frühstücksraum um mich herum, dieses Gewusel an den Büfetts, konnte mir einen Tag vor meiner Abreise nichts mehr anhaben. Ich nahm mein letztes Frühstück ein. Auch sah ich die vielen Mitpatienten ganz anders. Ja, fast schon durch eine rosarote Brille, oder war ich eventuell doch schon altersmilde?

Bei dem anschließenden Kardiotraining auf dem Trimmrad hatte ich dann das Vergnügen, einem mindestens fünfundsiebzig Jahre alten Mann mit nacktem Oberkörper gegenüberzusitzen. In der Nähe meines Heimatwohnortes, im heimischen Schleswig-Holstein, gab es ein saisonal betriebenes Spukschloss. Die Gespenster, die einem in diesem entgegentraten, waren nicht gruseliger.

Nachmittags hatte ich noch eine Krankengymnastikeinheit, die Leibeserziehung für Gebrechliche, und als Krönung noch eine kleine Fitnesseinheit für Gesunde. Diese schloss sodann meine restlichen Tagesaktivitäten ab. Meinen letzten Tagesplan hatte ich entgegen der Zurückhaltung, die ich mir am Vorabend fest vorgenommen hatte, doch komplett abgearbeitet.

Fleißiges Mädchen!, lobte ich mich und klopfte mir in Gedanken auf die Schulter.

Nach der Unterhaltung am Abend und den Abschiedsworten seitens meiner Mitpatienten war nun die Abreise aus dem Wasserschlösschen zur lockeren Schraube gekommen.

Meine Tischnachbarn waren nach eigenen Aussagen sehr traurig, dass ich schon abreiste. Ob das wirklich stimmte? Diese Frage blieb für immer unbeantwortet.

Am Morgen der Abreise war ich bereits gegen fünf Uhr wach. Ich stand, nachdem ich ein paar Yogaübungen im Bett gemachte hatte, auf und nutzte die Zeit, um meine vier Koffer zu packen. Gegen sieben Uhr waren meine Koffer gepackt, und ich musste lediglich mein restliches Sammelsurium einsammeln und verstauen.

Nach getaner Arbeit duschte ich mich heiß und ausgiebig. Als der Körperpflege Genüge getan war, schaute ich mich zufrieden im Spiegel an. Sodann folgte ein letzter verträumter Blick aus dem Fenster über den See. Nun hieß es, Abschied von meinem Domizil auf Zeit zu nehmen. Zugegeben, ein klitzekleines bisschen Wehmut lag in der Luft. Doch der Ruf meines Zuhauses war stärker. Ab ging es mitsamt meinem ganzen Gepäck in Richtung Fahrstuhl. Vor den Auf- und Abwärtskabinen kam ich ein letztes Mal in den *Genuss* der nicht ankommen wollenden Fahrstühle.

Minuten später, nach meiner erfolgreichen Landung im Erdgeschoss, ging es weiter in Richtung Empfangshalle. Dort angekommen setzte ich ich mich auf meine gepackten Koffer und wartete auf meinen Liebsten. Meinen Mann.

Da kamen sie auch schon freudestrahlend auf mich zugaloppiert. Die Frauenversteher und Co.

Die geballte Ladung Männerpower. Was fragte der Anführer dieses Rudels mich doch tatsächlich?

„Na, willst du schon abreisen?"

Nein, nein, ich sitze einfach gerne auf gepackten Koffern in der Empfangshalle, ging es mir durch den Kopf.

Ich stellte mir insgeheim die Frage, ob der Mann diese Frage wirklich ernst gemeint hatte.

Meine Höflichkeit gebot es, der Gruppe zu antworten:

„Ich sitze auf meinen gepackten Koffern, weil ich auf meinen Mann warte. Ich bin froh, nach Hause fahren zu dürfen. Sobald er eintrudelt, geht's ab nach Hause."

Was war ich glücklich, wieder in mein altes, beschauliches, völlig normales Leben zurückkehren zu dürfen!

Resümee

Das Resümee meiner ganz eigenen Erlebnisreise lautet: Die anwesenden männlichen Mitpatienten hatten die Mädchenakademie, Studiengang Vollgas besucht. Leider war der Studiengang Tempo dreißig schon belegt, und die Männer, meine verehrten Mitpatienten, hatten diesen Vollgasstudiengang mit dem Master of Desaster abgeschlossen. Auch fand im Wasserschlösschen zur lockeren Schraube meiner Meinung nach so mancher optische und kommunikative Overkill statt.

Die ganzen Nachmittagstalksendungen, wie sie auch alle heißen mögen, konnten einpacken! Im Wasserschlösschen zur lockeren Schraube war alles Denkbare zur Belustigung und Bespaßung der ganzen Voyeur-Unterhaltungsindustrie real vertreten. Liebe Casting-Teams, in den heiligen Hallen dieser Rehainstitution könntet ihr aus dem Vollen schöpfen! All eure künftigen Realityshows könnten dort mit Leben gefüllt werden.

Ich verstand nicht, warum die im Wasserschlösschen zur lockeren Schraube anwesenden Patienten ganz freiwillig bereit waren, aus zwei kleinen ein großes Problem zu machen. Im Wasserschlösschen zur lockeren Schraube fanden sich durchweg Patienten mit psychosomatischen Problemen ein. Wie bitte konnte man sich aufeinander einlassen? Den Homo sapiens unterscheidet doch von den anderen Säugetieren die Intelligenz, der Verstand. Warum nur wurde diese Intelligenz für die überschaubare Zeit des Aufenthalts in Bad Kleeblatt in tierische Triebe umgewandelt? Dies galt selbstverständlich für Mann wie für Frau gleichermaßen. Es wurde im Wasserschlösschen zur lockeren Schraube meiner Meinung nach kein Patient zum Sex mit einem anderen Patienten gezwungen. Alle

Handlungen fanden ganz offensichtlich im gegenseitigen Einvernehmen statt. Warum nur wurden die Intelligenz und das Verantwortungsgefühl kollektiv ad acta gelegt? Ich verstand es während der Zeit meines Aufenthalts nicht und verstehe es im Übrigen immer noch nicht. Alle Patienten im Wasserschlösschen zur lockeren Schraube sind mündig gewesen. Jeder musste letzten Endes die Verantwortung für sein Handeln, für sein Tun und sein Leben selbst übernehmen. Ich möchte an dieser Stelle definitiv nicht den Moralapostel herauskehren und schon gar nicht über das Handeln meiner Mitpatienten richten. Dies steht mir definitiv nicht zu. Jeder einzelne Patient war seines Glückes Schmied. Letzten Endes musste ein jeder selbst entscheiden, wie weit er ging. Wie weit er Dinge zulassen wollte. Aber ich fand es befremdlich, und meiner Meinung nach war der Katzenjammer in vielen Fällen vorprogrammiert.

Die Ärzte und Therapeuten leisteten im Wasserschlösschen zur lockeren Schraube bis auf wenige Ausnahmen richtig gute Arbeit. Sie halfen mir letztlich, das Licht am Ende des Tunnels zu sehen. Die gesamte Ärzteschaft fühlte den Patienten einschließlich mir mehr als einmal auf den Zahn.

Auch wenn das Therapieangebot vor Ort stimmte, die Therapeuten qualifiziert und nett waren, hatte ich nach dem Ablauf meiner Aufenthaltsdauer nicht das Bedürfnis in nächster Zeit in die neuen Räumlichkeiten des Wasserschlösschen zur lockeren Schraube einzuziehen. Ich würde aber, wenn dies noch einmal nötig wäre, durchaus erneut die Gastfreundschaft der Mitarbeiter im Schlösschen in Anspruch nehmen. Würde mich, so dies nötig wäre, erneut als Gast einquartieren. Jedoch nur aus einem einzigen Grund: um mich den Therapeuten und Ärzten anzuvertrauen. Auf das gesamte schmückende Beiwerk kann ich sehr gut verzichten.

Renate und ich saßen am letzten Abend auf meinem Balkon. Wir saßen im Freien, weil Renate in meinem Zimmer nicht rauchen durfte. Es war ein Nichtraucherzimmer. An der Decke hing ein Rauchmelder. Ich war ganz und gar nicht erpicht darauf, die Funktionstüchtigkeit dieses Rauchmelders zu testen.

Renate war laut eigener Aussage keine Suchtkranke, sondern das Rauchen war ihre Therapie. Es diente lediglich ihrer Entspannung. Diese Aussage hatte sie mir gegenüber in einem Vieraugengespräch gemacht, als ich sie direkt auf ihre Sucht ansprach. Außerdem schmeckte die Zigarette nach einem anstrengenden Tag so gut – und in Gesellschaft gleich noch viel besser. Hm, schon klar …

Somit genossen wir beide nun noch ein letztes Mal gemeinsam den Seeblick und den Sonnenuntergang.

„Du?“, fragte Renate mich interessiert.

„Zurückblickend, was meinst du? Hat dir der Aufenthalt etwas gebracht?“

Ich überlegte und antwortete:

„Ja, ich finde sogar viel mehr, als ich es mir bei meinen ganzen Vorurteilen im Vorwege vorstellen konnte. Klar, wir hatten jede Menge Männer und Frauen, Paradiesvögel, Testosteronbomben und Östrogenschleudern, die uns das Leben in der Einrichtung wirklich schwer gemacht haben. Auch fand ich das ganze Gehabe unserer Mitpatienten an vielen Tagen ganz schön anstrengend. Ich muss zugeben, dass ich etliche Male gern auf die Selbstinszenierungen und öffentlichen Vorführungen unserer Mitpatienten verzichtet hätte. Ich bin jedoch dankbar über die Wege, die uns die Therapeuten aufgezeigt haben“, gab ich Renate nachdenklich zur Antwort.

Vier Tage zuvor hatte ich bereits Kontakt zu einem Verhaltenstherapeuten in der Nähe meines Wohnortes aufgenommen.

„Renate, weißt du was?“, schloss ich sofort an.

„Vor einiger Zeit habe ich bereits erkannt, dass es keine Schande ist, sich in eine psychosomatische Einrichtung zu begeben. Die Gruppen- und Einzeltherapien, aber auch die vielen bunten Paradiesvögel haben mir aufgezeigt, dass ich Probleme habe … und sie haben mir auch geholfen, meine Probleme anzunehmen.

Zu erkennen, dass es mir nicht gut geht, hat bei mir schon einiges bewirkt. Tatsächlich habe ich schon vor einigen Tagen einen Therapeuten nicht weit von meinem Wohnort kontaktiert. Bereits zwei Wochen nach meiner Heimreise werde ich in seiner Praxis auf dem Stuhl sitzen. Künftig werde ich nicht mehr die Starke geben, sondern zu meinen Schwächen stehen. Ich muss nicht immer stark sein und auch nicht den Anspruch haben, alles immer einhundertprozentig zu bewerkstelligen", schloss ich meinen Monolog ab.

„Richtig", antwortete Renate mir zustimmend.

„So ähnlich sehe ich das auch. Ich war heute Mittag im Sekretariat und habe mir ebenfalls eine Liste von Therapeuten in der Nähe meines Wohnortes ausdrucken lassen. Morgen werde ich diese Liste abtelefonieren und hoffe, dass ich – ebenso wie du – schnell einen Termin bei einem adäquaten Therapeuten bekomme." Renate schaute gedankenversunken über den See.

Schlusswort

Ich kann aufgrund meiner Erlebnisse in der psychosomatischen Klinik in Bad Kleeblatt nur jedem Betroffenen raten, zu seiner Krankheit zu stehen. Zu meiner eigenen Überraschung habe ich nach dieser Reise den Mut gefunden, zu Hause, die von den Beschäftigten meines Fitnessklubs oder von meinen Mitsportlern gestellten Fragen bezüglich meines wochenlangen Fernbleibens vom Sport und die Fragen meiner Freunde, Bekannten und Verwandten, wahrheitsgemäß zu beantworten. Ich habe erzählt, dass ich aufgrund meines schweren Traumas, aufgrund meiner Lebensängste in eine psychosomatische Klinik gegangen bin.

Ich kann nur jedem psychisch Erkrankten raten, seine Ängste nicht mit sich alleine auszumachen.

Ich möchte jedem Betroffenen den Rat geben, die imaginären Mauern der Angst zu durchbrechen und dieser keinen Freiraum mehr zu lassen. Es ist wichtig, dass man als Erkrankter – egal welches Leid in der Vergangenheit erduldet werden musste – die Opferrolle aufgibt und sein Schicksal annimmt. Man wird, wenn man seine Krankheit angenommen und analysiert hat, wieder leben können. Schalten Sie Ihren imaginären Hebel auf Überlebensmodus! Arbeiten Sie Ihre Vergangenheit auf! Kommen Sie sanft in der Gegenwart an und heißen Sie Ihre Zukunft mit offenen Armen willkommen! Sie werden sehen, dass das Leben lebenswert ist. Sie werden sehen, dass es tatsächlich ein Licht am Ende des Tunnels gibt. Es wird Ihnen nach dem offenen Umgang mit Ihrer Krankheit Unterstützung von Menschen zuteil, von denen Sie diese nicht erwartet hätten.

Sollten Sie sich entscheiden, in einer Rehaeinrichtung ein Zimmer auf Zeit zu belegen, liegt es in Ihren Händen, ob Sie sich als Spieler auf die Spielfläche stellen oder ob Sie lieber auf der Tribüne sitzen und sich das Spiel von außen, als Zuschauer ansehen möchten. Die Verletzungsgefahr ist auf der Tribüne deutlich geringer. Wie schon am Anfang meiner Geschichte erwähnt, blieb ich bis zum Ende meines Aufenthalts eine interessierte Beobachterin.

Auch wurde mir während meiner Reha bewusst: Niemand hat einen Anspruch auf ein beschwerdefreies Leben. Wir alle müssen das Leben so nehmen, wie es kommt. Wo heute Schatten ist, kann durchaus morgen wieder Sonne sein.

Meine lieben Leser, alle Interessierten, alle Betroffenen, es gibt mehr Farben als nur Schwarz und Weiß!

Die Welt, das gesamte Leben ist bunt!

Murphys Gesetz ist hypothetisch! Es wird nicht eintreten, wenn die, die meinen, dass die Welt nur schlecht ist, dass alles schiefgeht, was schiefgehen kann, endlich erkennen, dass jeder seines eigenen Glückes Schmied ist.

Der Weg ist das Ziel!

Haben Sie keine Panik. Geben Sie sich Zeit!

Rom wurde auch nicht an einem Tag erbaut.

Meine Einzeltherapeutin sagte mir einmal in einem Gespräch:

Ein jeder hat das Recht, um sein altes Leben zu trauern … doch alles zu seiner Zeit, an seinem Platz.

Ich trauere tatsächlich dann und wann um mein altes Leben. Doch nehme ich mir dann für meine Trauer Zeit. Maximal eine halbe Stunde. Das muss reichen. Denn mein neues Leben findet im Hier und Heute statt.

Es ist mit Sicherheit keine Schande, in einer psychosomatischen Einrichtung Hilfe zu suchen. Es ist ein guter, ein richtiger Weg. Ein Weg in ein neues, von Altlasten befreites Leben. Doch falls der Weg in eine Rehaeinrichtung sich nicht richtig anfühlt, die inneren Barrieren zu groß sind, kann und sollte man im Bedarfsfall zumindest den Rat von geschulten Therapeuten in seiner Nähe suchen.

Ich persönlich rede mir meine Probleme nun als Herausforderungen des Lebens schön. Sodann löse ich sie. Frei nach dem Motto: *Keine Panik, du wirst deinen Weg schon finden. Du darfst hinfallen, du musst jedoch wieder aufstehen, dein Krönchen richten und weiterlaufen.*

Nun noch mein Tipp für Kassenpatienten: Die Kassenärztlichen Vereinigungen haben entsprechende Listen mit Therapeuten – zum Beispiel Verhaltenstherapeuten, Tiefenpsychologen et cetera – die von den betreffenden Krankenkassen zugelassen wurden und deren Kosten von den Kassen übernommen werden. Diese Listen werden bei Bedarf ausgehändigt. Man sollte dieses Angebot auf jeden Fall nutzen.

Nicht vergessen: Jedes Ende beinhaltet auch einen neuen Anfang! Und jeder Anfang kann auch ein neues Glück bedeuten.

Meiner Meinung nach ist Glück nichts anderes als ein Gemütszustand und wird daher von jedem Menschen anders wahrgenommen und anders definiert. Für den einen hat Glück lediglich etwas mit Geld zu tun.

Für den anderen heißt Glück, menschliche Wärme empfinden und diese annehmen zu können.

Für wieder andere bedeutet Glück einfach nur die Freiheit, Herr über ihr eigenes Leben sein zu dürfen.

Ich wünsche Ihnen allen, liebe Leser, dass Sie Ihr eigenes, Ihr ganz persönliches Glück finden werden.

Danksagung

Ich möchte mich bei all denen bedanken, die mich tatkräftig bei der Arbeit an diesem Werk unterstützt haben!

Bei meiner Freundin Renate.
Bei Jutta.
Bei Gesa.
Bei Gunna.

Weitere Werke der Autorin

Erst Aschenputtel … Dann Prinzessin …

Der Wessi, der nicht in den Osten fahren durfte!

The House of Loose Screw Heads

Kleine Scheißer … große Kerle!

Alle Bücher sind im Neptunikum Verlag erschienen und sind auch als E-Book im Handel erhältlich. Alle Infos unter: www.baerbel-kiy.de und unter: www.neptunikum.com.

Ich freue mich auf Ihren Besuch!
Ihre Bärbel Kiy